Sobriedad emocional:

más allá del horizonte

LIBROS PUBLICADOS POR AA GRAPEVINE, INC.

The Language of the Heart (también formato eBook)
The Best of the Grapevine Volumes I, II, III
The Best of Bill (también formato eBook)
Spiritual Awakenings (también formato eBook)
I Am Responsible: The Hand of AA
The Home Group: Heartbeat of AA (también formato eBook)
Emotional Sobriety — The Next Frontier (también formato eBook)
Spiritual Awakenings II (también formato eBook)
In Our Own Words: Stories of Young AAs in Recovery (también formato eBook)
Beginners' Book (también formato eBook)
Voices of Long-Term Sobriety (también formato eBook)
Step by Step — Real AAs, Real Recovery (también formato eBook)
Emotional Sobriety II — The Next Frontier (también formato eBook)
Young & Sober (también formato eBook)
Into Action (también formato eBook)
Happy, Joyous & Free (también formato eBook)
One on One (también formato eBook)
No Matter What (también formato eBook)
Grapevine Daily Quote Book (también formato eBook)
Sober & Out (también formato eBook)
Forming True Partnerships (también formato eBook)
Our Twelve Traditions (también formato eBook)
Making Amends (también formato eBook)
Voices of Women in AA (también formato eBook)
AA in the Military (también formato eBook)
One Big Tent (también formato eBook)
Free on the Inside (también formato eBook)
Prayer & Meditation (también formato eBook)
Fun in Sobriety (también formato eBook)

EN ESPAÑOL

El lenguaje del corazón
Lo mejor de Bill (también formato eBook)
El grupo base: Corazón de AA
Lo mejor de La Viña
Felices, alegres y libres (también formato eBook)
Un día a la vez (también formato eBook)
Frente a frente (también formato eBook)
Bajo el mismo techo (también formato eBook)

EN FRANCÉS

Le langage du coeur
Les meilleurs articles de Bill
Le Groupe d'attache : Le battement du coeur des AA
En tête à tête (también formato eBook)
Heureux, joyeux et libres (también formato eBook)
La sobriété émotive

Sobriedad emocional:

más allá del horizonte

Historias selectas
de AA Grapevine

AA GRAPEVINE, Inc.
New York, New York
WWW.AAGRAPEVINE.ORG

475 Riverside Drive, New York, NY 10115

ISBN 978-1-938413-71-1

Impreso en Canadá

Segunda impresión 2024

Preámbulo de AA

Alcohólicos Anónimos es una comunidad de personas que comparten su mutua experiencia, fortaleza y esperanza para resolver su problema común y ayudar a otros a recuperarse del alcoholismo.

El único requisito para ser miembro de AA es el deseo de dejar la bebida. Para ser miembro de AA no se pagan derechos de admisión ni cuotas; nos mantenemos con nuestras propias contribuciones. AA no está afiliada a ninguna secta, religión, partido político, organización o institución alguna, no desea intervenir en controversias, no respalda ni se opone a ninguna causa.

Nuestro objetivo primordial es mantenernos sobrios y ayudar a otros alcohólicos a alcanzar el estado de sobriedad.

Índice

Prefacio

EN 1958, EL GRAPEVINE PUBLICÓ un artículo escrito por Bill W., cofundador de AA, acerca de los desafíos continuos de la recuperación que él enfrentó mucho después de dejar de beber. El artículo se llamó "La próxima frontera: sobriedad emocional" y describe la idea de Bill acerca de que su lucha contra la depresión se debía a sus dependencias desbordantes de otras personas y de circunstancias ajenas. Bill explica cómo había encontrado la paz mental al liberar sus expectativas y al poner en práctica lo que él llama el "amor altruista"— un amor menos preocupado por lo que uno recibe, sino más interesado en lo que uno da. Era, según dijo, la Palabra de San Francisco de Asís en acción.

Para algunas personas, la próxima frontera en la recuperación del alcoholismo puede ser liberarse de las dependencias erróneas, irreales; para otras, puede significar iluminar los defectos persistentes de carácter o el malestar del "¿Y ahora qué?" que le puede aquejar al veterano. Las historias que se narran en este libro demuestran que, cuando tenemos la voluntad de encontrar soluciones, en lugar de quedarse atascado en el problema, podemos liberar el miedo, el egoísmo y el resentimiento, dejar de lado las demandas egoístas, practicar el amor altruista y conectarnos más con nuestro Poder Superior y nuestros amigos, familia y compañeros.

Este libro no representa la definición final de lo que es la sobriedad emocional. Crecer en sobriedad significa diferentes cosas para cada uno de nosotros y la idea que cada uno de nosotros tenemos acerca de ella puede cambiar con el transcurso del tiempo. No obstante, algo es seguro: las recompensas que se obtienen al alcanzar la sobriedad emocional son la serenidad, el equilibrio emocional y el inmenso goce de vivir.

—Los editores

La próxima frontera: sobriedad emocional

Enero de 1958

CREO QUE MUCHOS de los veteranos que han puesto a dura y venturosa prueba nuestra "curación alcohólica", todavía se encuentran faltos de sobriedad emocional. Tal vez se verán en la vanguardia del próximo progreso importante en AA —el desarrollo de más madurez y equilibrio verdaderos (es decir, humildad) en nuestras relaciones con nosotros mismos, con nuestros compañeros y con Dios.

Estos deseos adolescentes de aprobación incondicional, seguridad total, y amor perfecto que tantos de nosotros tenemos —deseos completamente apropiados a la edad de diecisiete años — nos crean una forma de vida imposible de vivir a la edad de cuarenta y siete o cincuenta y siete años.

Desde que AA empezó, yo he sufrido tremendos golpes en todas estas esferas debido a no haber madurado emocional y espiritualmente. Dios mío, qué penoso es seguir exigiendo lo imposible y qué sumamente penoso es descubrir, finalmente, que desde el principio habíamos puesto el carro delante del caballo. Luego nos viene la angustia final al ver lo tremendamente equivocados que habíamos estado, y lo incapaces que aún somos, no obstante, de escapar de ese tiovivo emocional.

Cómo traducir una apropiada convicción mental en un apropiado resultado emocional y así en una vida tranquila, feliz y agradable —bueno, esto no es únicamente un problema de los neuróticos, es un problema que la vida misma nos presenta a todos los que hemos llegado a tener una sincera disposición a aferramos a los principios apropiados en todos nuestros asuntos.

Aun cuando nos esforzamos por aferrarnos, puede que la paz y la alegría sigan eludiéndonos. Y este es el punto al que hemos llegado tantos veteranos de AA. Y es un punto literalmente infernal.

¿Cómo se puede armonizar nuestro inconsciente—de donde surgen todavía tantos de nuestros temores, obsesiones y falsas aspiraciones— con lo que realmente creemos, sabemos y queremos? Nuestra principal tarea es cómo convencer a nuestro mudo, rabioso y oculto "Mr. Hyde".

Recientemente he llegado a creer que esto se puede conseguir. Lo creo así porque he visto a muchos compañeros —gente como tú y yo—, que andaban tanto tiempo perdidos en las tinieblas, empezar a obtener resultados. El pasado otoño, la depresión, sin tener ninguna causa racional, casi me llevó a la ruina. Empecé a temerme que fuera a pasar otro largo período crónico. Teniendo en cuenta las angustias que he pasado con las depresiones, no era una perspectiva muy prometedora.

Seguía preguntándome a mí mismo: "¿Por qué los Doce Pasos no sirven para liberarme de la depresión?" Hora tras hora, tenía la mirada fija en la Oración de San Francisco... "Es mejor consolar que ser consolado". Aquí tenía la fórmula. ¿Por qué no funcionaba?

De repente, me di cuenta de lo que había de malo. Mi defecto principal y característico siempre había sido el de la dependencia —de una dependencia casi absoluta— de otra gente o de las circunstancias. Siempre había contado con que me proporcionaran el prestigio, la seguridad, y cosas similares. Al no conseguir estas cosas tal y como las quería, y conforme con mis sueños perfeccionistas, yo había luchado por tenerlas. Y cuando me vino la derrota, me sobrevino la depresión.

No tenía la menor posibilidad de convertir el amor altruista de San Francisco en una feliz y practicable manera de vivir hasta que no se extirparan esas dependencias funestas y casi absolutas.

Por haber hecho en los años pasados algunos pequeños progresos en plan espiritual, vi revelado como nunca antes lo absolutas que eran esas dependencias espantosas. Reforzado por la gracia que podía encontrar en la oración, me encontré obligado a valerme de toda la voluntad y fuerza de las que disponía para extirpar esas defectuosas dependencias emocionales de otra gente, de AA, para decir verdad, de cualquier circunstancia o cualquier cosa. Únicamente al lograrlo, sería libre de amar como San Francisco. Llegué a darme cuenta de que las satisfacciones emocionales e instintivas nos vienen como dividendos de sentir el amor, ofrecer el amor, y expresar un amor apropiado para cada relación de nuestra vida.

Claro estaba que no podría aprovechar el amor de Dios mientras no pudiera devolvérselo a Él, amando a mis prójimos como Él quería que yo hiciera. Y esto no lo podría hacer mientras siguiera siendo víctima de falsas dependencias.

Porque mi dependencia significaba exigencia —una exigencia de apoderarme de la gente y de las condiciones que me rodeaban y de controlarlas.

Aunque te parezca ser una especie de artilugio, esta expresión "dependencia absoluta" fue lo que desencadenó mi liberación y me hizo posible lograr la estabilidad y tranquilidad que conozco ahora, cualidades que sigo intentando consolidar, ofreciendo amor a otros, sin exigir nada a cambio.

Aquí parece que tenemos el ciclo primordial de la reconciliación: un amor efusivo ante la creación de Dios y para con sus criaturas, nuestros semejantes, y por medio del cual podemos aprovechar el amor de Dios para con nosotros. Se puede ver con suma claridad que la corriente efectiva no puede fluir hasta que no se rompan nuestras dependencias paralizadoras —hasta que no se rompan a fondo. Solamente entonces nos será posible tener siquiera la más remota idea de lo que realmente es el amor adulto.

¿Me dices que es una especie de cálculo espiritual? Ni mucho menos. Observa a cualquier AA con seis meses de sobriedad mientras trabaja con un nuevo caso del Duodécimo Paso. Si el candidato le dice "Vete al diablo", no hace más que sonreír y ponerse a trabajar con otro. No se siente frustrado o rechazado. Y si el próximo caso responde con amor y atención para con otros alcohólicos, sin darle nada a él, el padrino, no obstante, está contento. Todavía no se siente frustrado, sino que se alegra porque su antiguo candidato está sobrio y feliz. Y si resulta que el siguiente caso se convierte en su más íntimo amigo (o en su amor), entonces el padrino siente el mayor regocijo. Pero se da perfecta cuenta de que su felicidad es un subproducto —este dividendo de dar sin exigir nada a cambio.

Para el padrino, el factor más estabilizador ha sido sentir amor y ofrecerlo a ese borracho desconocido con quien se tropezó. Esto era el trabajo de San Francisco, eficaz y práctico, sin dependencia y sin exigencias.

Durante los primeros seis meses de mi propia sobriedad, me dedicaba diligentemente a trabajar con muchos alcohólicos. Ninguno de ellos respondió. Sin embargo, ese trabajo servía para mantenerme sobrio. Esos alcohólicos no me dieron nada. La estabilidad que logré se originó en mis esfuerzos para dar, no en mis exigencias de que se me diera.

Y creo que así podemos tener parecidos resultados en cuanto a la sobriedad emocional. Si analizamos toda inquietud que sentimos, las grandes y las pequeñas, encontraremos en su origen alguna dependencia malsana y la exigencia malsana derivada de esta dependencia. Abandonemos, con la gracia de Dios, estas exigencias obstaculizadoras. Entonces nos veremos liberados para vivir y para amar; entonces, nos será posible aprovechar el trabajo del Duodécimo Paso, tanto con nosotros mismos como con otra gente, para lograr la sobriedad emocional.

Huelga decir que no te he propuesto una idea realmente nueva —solamente un artilugio que me ha servido para librarme, a fondo, de mis propios "sortilegios". Hoy día, mi cerebro no va corriendo obsesivamente hacia la euforia y la grandiosidad ni hacia la depresión. He encontrado un lugar sereno bañado en la luz del sol.

Bill W.

SECCIÓN UNO

Una nueva perspectiva

"Algunos de nosotros tratamos de aferrarnos a nuestras viejas ideas y el resultado fue nulo hasta que nos deshicimos de ellas sin reserva".

– Alcohólicos Anónimos, pág. 58

En ocasiones, los veteranos dicen: "Mantenerse sobrio es fácil: No bebas y cambia toda tu vida". Parece ser que de lo único que se trata la sobriedad emocional es de la predisposición para dejar de lado las formas obsoletas de pensar y de comportarse. Una vez sobrios, comenzamos a liberar los resentimientos y temores, la autoconmiseración y la ira. Intentamos reemplazar los lamentos sobre el pasado y las preocupaciones acerca del futuro con la fe en AA, en los Doce Pasos de AA y en un poder más grande que nosotros. Solíamos ver los problemas como irremontables; ahora asumimos la responsabilidad de encontrar soluciones. Y descubrimos que, lentamente, podemos reivindicar momentos de paz real —"un lugar sereno bañado por la luz del sol", según lo manifiesta Bill W. en el ensayo que impulsó este libro. Para los alcohólicos, este es el verdadero despertar.

Crecimiento

Junio de 1976

UN NUEVO CONCEPTO se ha estado formando en mi mente (ahora que el programa de AA lo ha puesto en funcionamiento). Creo que el elemento más importante para construir nuestra vida en sobriedad es aquello que se libera.

Hace varios meses, mi esposo y yo nos inscribimos en un curso de arte para principiantes. No nos transformamos en grandes pintores; sin embargo, ahora ambos somos conscientes de las cosas, como las hojas, las briznas de pasto y las gamas de color; cosas de las que antes no teníamos noción. Un día, el instructor nos mostró un dibujo al estilo Picasso que había hecho su hija. Era ella, de perfil, y solo consistía de tres líneas. Lo que no dibujó, exageraba lo que sí había plasmado. También aprendimos que, al darle tonalidades a un árbol, lo que no se incluye es tan importante como las líneas de lápiz, ya que los espacios vacíos generan la luz del sol que ilumina las hojas.

Me parece que al dejar cosas de lado logro un crecimiento —cuando no digo una mala palabra, cuando no respondo con sarcasmo. Si me tomo solo un segundo, quizá dos, tengo tiempo de plantearme: "¿Realmente quiero decir esto?".

Cuando hice mi lista de personas con las que quería hacer reparaciones, en su mayoría eran familiares. No solo estaba pensando en las cosas que había hecho. ¡También recordé muchas de las cosas que debería, que habría, que podría haber hecho si no hubiese estado sumida en la bebida! Las cosas que dejé de hacer van desde hermosos ramos de flores que podría haber regalado, y no lo hice, hasta todo aquello que absolutamente descuidé.

¡Solía decir todo! ¡A quien quisiera escuchar! Y las cosas serían a mi modo, también. "¡Una obstinación desbocada!" Ahora, es más fácil identificar el ego y trabajo en sacar del medio a mi gran Yo.

He descubierto una nueva forma de aprender —cerrar la boca y escuchar. Repito, no se trata de lo que estoy haciendo, sino de lo que no hago. No hablo. Entonces, abro la mente; me dejo instruir.

Solía gustarme manejar los asuntos de mis hijos, dar consejos cuando no me los pedían e imponer actividades y conductas. Ahora soy más segura. Deseché mi silla de directora. Ahora, cuando veo que uno de mis hijos toma cierto rumbo y me pregunto cuál será el resultado, cierro la boca y pongo en práctica el Tercer Paso. Siempre que hay un problema y me involucro, trato de ver qué parte de ese problema estoy generando (como me aconsejó uno de mis padrinos). Por lo general, represento el ochenta por ciento del problema —bueno, quizá el sesenta por ciento; pero la mejor parte es que puedes estar seguro de eso. Si dejo de lado el mayor porcentaje (es decir, yo), ¡entonces casi no existe el problema!

En AA me estoy volviendo tan segura que incluso he descartado aquella linda, divertida y falsa versión de mí que mis amigos solían conocer. No tengo que bailar con una rosa entre los dientes; solo bailar. Y no tengo que ser la única chica en el pícnic que puede colgarse de una liana cual Tarzán y lanzarse al río. Puedo nadar serena, como la madre cuarentona de cuatro hijos que soy.

Ya no tengo que presumir mis largas piernas usando una minifalda, solo las uso para sentarme y ser feliz. Y puedo decir que no a muchas cosas que no me interesan. Todas esas actividades para agradar a las personas en las que solía participar, ahora puedo no hacerlas. Eso me permite tener tiempo para hacer pequeñas cosas que realmente son útiles, que reconfortan, solo porque deben hacerse y porque realmente me importan. Tengo tiempo para trabajar en mi programa.

Puedo sentarme en silencio y escuchar realmente lo que las personas intentan comunicarme. Mi mente ya no entra en frenesí para encontrar la ocurrencia perfecta para decír, o una historia que sea mejor que la de ellos.

La eterna guerra interna de la que también puedo prescindir. La lucha dentro de mí terminó, ¡y eso me encanta!

Y lo más importante para dejar de lado es ese viejo rival familiar que es el alcohol. ¡Sin él, la vida es sencillamente maravillosa!

Tricia J.
Houston, Texas

En todos nuestros asuntos

Julio de 1956

LAS PALABRAS TIENEN una forma de cobrar un significado completamente nuevo cuando entramos al nuevo mundo que la sobriedad de AA nos abre. Todos sabemos cómo los primeros estereotipos evidentes de nuestras simples fórmulas cambian y se vuelven una parte vital de nuestra vida cotidiana. Después de un tiempo, descubrimos, por ejemplo, que nunca tuvimos realmente una idea de lo práctico y útil que es "pensar", hasta que aceptamos cuánto ha pasado desde que realmente lo comprendimos. La "humildad" llegó, con un poco más de sobriedad, para ocupar su lugar como una palabra viva y encantadora, una cualidad de aceptación de nuestras limitaciones, para buscarla con mayor devoción; la más deseada de nuestra familia de palabras: humildad.

La "gratitud": la hermana tan abusada, también alteró su rostro y se transformó en un reconocimiento alegre por nuestra recuperación milagrosa. Crecimos sabiendo que sin la gratitud diaria nuestro milagro personal perdería su esplendor y, con el paso del tiempo, opacaría nuestro nuevo y brillante mundo al dar todo por sentado, lo que inevitablemente nos llevaría fuera de la comunidad e, igual de inevitable, a nuestro más acogedor enemigo. Si descuidásemos nuestra "gratitud", es posible que bebamos.

El "orgullo": por un giro peculiar de la sintaxis, se transformó en la palabra maldita más activa y omnipotente, quizá la más peligrosa de todas; y, aun así, si bien el orgullo no resuelto puede acercarnos rápidamente a la botella, nos sentimos enormemente orgullosos de ser parte de AA.

La "honestidad": en una reunión oí a un amigo de AA contar que había escuchado la definición que el diccionario da sobre honestidad de boca de un cartero rural en una reunión de pueblo en el oeste medio. Este hombre estaba harto de escuchar que esta palabra sensible aparecía una y otra vez, así que se fue al Tribunal del condado y buscó la definición en "aquel viejo diccionario que había allí". Fue lo suficientemente buena para él, es buena en la vida de cualquier hombre. "La honestidad es la ausencia de cualquier intento de engaño". Solo que, ¿cuál es el significado de "intento"?

Ahora descubro que, con toda mi recientemente confianza adquirida respecto de la validez y de la importancia de la palabra, he sufrido un retraso y ahogo debido a las frecuentes oleadas de dudas y de desesperación generadas por mi ceguera en relación con el concepto clave de todo nuestro programa.

Esto sucede con perfecta exactitud en el Duodécimo Paso: el "despertar".

Cierto lugar oculto en mi mente no se ha logrado abrir. Para mí, el despertar espiritual significaba la convicción absoluta sobre la existencia de un Dios, y una relación estrecha con Él, que todos parecían comprender, excepto yo. En este desordenado espacio de mi cerebro, yo sentía que, sin esta revelación de la gracia espiritual, no podía comenzar a "llevar el mensaje" apropiadamente y, lo más importante, que mis intentos de manejar "todos mis asuntos" eran continuamente infructuosos.

Finalmente, busqué en el diccionario el significado de despertar. Significa acelerar, suscitar, despabilarse. Mi diccionario no menciona nada sobre una maravillosa luz blanca o un aura de divinidad.

Bueno, ahora sé, sin ningún tipo de ostentación, que yo, al igual que cualquier otro miembro de AA, he tenido un despertar espiritual muy tangible. Mi creencia en un Poder Superior es tan fuerte como cuando asistí a mi primera reunión de AA y acepté el Primer y el Segundo Paso de forma tan sencilla y crédula como un niño acepta la leche materna. Y, ciertamente, AA, con su interminable seguidilla de milagros, ha profundizado y hecho tangible la evidencia de las obras de ese Poder Superior. Entonces, ¿qué diablos buscaba? Ciertamente, no lo sé. Quizá quería un hada Campanita solo para mí, que me mostrara la salida única y correcta para cada situación.

En mi modo peculiarmente alcohólico de crear dificultades, descubrí esta verdad semántica de la forma más comprometida que pueda existir. Recientemente, me enfrenté a un proyecto de trabajo que no debía presentar ninguna dificultad en particular y, sin embargo, sucedió. Me negué y me negué, y no había una forma racional para justificar por qué procrastinaba, tenía miedo y no podía poner manos a la obra. Rencorosamente pensaba que, en este año y medio en AA, los únicos departamentos de mi vida que se podían manejar de forma remota eran mis actividades en AA. No tengo sentimiento de ineptitud culposa luego de haber trabajado en la secretaría de mi grupo. Cumplí con los plazos del Grapevine. Hablé de forma frecuente en reuniones cerradas y abiertas. He hecho todo lo que me pidieron o exigieron sin ningún tipo de ansiedad relacionada con la perfección de mi desempeño.

¿Por qué tenía tantas dificultades en otras áreas de mi vida?

De forma bastante repentina, y sin ninguna señal de alerta, se me presentó una solución simple. Había cedido solo a una cosa: mi alcoholismo. Acepté la ayuda divina y temporal en todo lo que tenía que ver con mi enfermedad con absoluta humildad; sin embargo, jamás había extendido esta maravillosa libertad de cualquier sentimiento de orgullo, resentimiento, envidia y necesidad de perfección y competencia hacia "todos mis asuntos".

Así que, finalmente, en este tiempo de real necesidad, reconocí que: no había comprendido el significado del concepto despertar espiritual. Y que, debido a que acepté todo lo de AA como algo natural y justo y saludable y bueno, solo permitía un uso inconsciente de mi despertar espiritual en las áreas de AA. Y que jamás lo había mencionado ni evaluado.

Ahora, espero y rezo para que realmente pueda aplicar a todos mis asuntos el uso consciente de los términos rendición, humildad y gratitud, empleándolos con el conocimiento de que, de hacerlo, bajo el designio de Dios, mis asuntos tienen mejor oportunidad de alcanzar la verdad cotidiana.

H. W.
Westport, Connecticut

Gane o pierda

Agosto de 2001

COMO PROFESIONAL DE mercadotecnia impetuoso, solo me enfocaba en ganar. Adoraba a personas como el entrenador de fútbol Vince Lombardi, venerándolo como patrono de la conquista. Por ende, cada vez que una de mis victorias era menos que total —o, Dios no lo quisiera, realmente perdía—, mi sentido del fracaso era absoluto. Y esto siempre me hacía sentir presa fácil de la autoconmiseración —el siervo de John Barleycorn.

Joe C., mi padrino, lo notó poco después de conocernos. Me dio un buen consejo: "Quita las palabras 'éxito' y 'fracaso' de tu vocabulario. Reemplázalas por 'honestidad' y 'esfuerzo'", me dijo.

Aún no estaba preparado. Yo era el mejor publicista y creía que sabía más acerca de competir que Joe, quien en aquel momento era electricista. Así que continué con mi personalidad tipo A y disfrutaba el conflicto constante en casa y en el trabajo. Pero sus palabras me acecharon durante años.

Con el correr del tiempo, comencé a desgastarme por la ira, el resentimiento y el odio que fomentaba mi actitud competitiva. Un día, otro veterano, Claude W., me preguntó: "¿Por qué tienes tanto miedo a perder? ¿No confías en Dios?" Acaloradamente, señalé que, al igual que él, me dedicaba a la mercadotecnia y me pagaban para tener éxito.

Su respuesta se basó en la misma semilla que Joe había sembrado años atrás: "¿No sabes que el éxito y el fracaso tienen un común denominador?" Hizo una pausa y, luego, atacó: "¡Ambos son temporales!"

Sus palabras han resistido el paso del tiempo. Me ayudaron a permanecer sobrio y a encontrar el goce en la profesión que elegí, con mi familia y entre mis amigos. Le agradezco a Dios, a Joe y a Claude por enseñarme esta lección con mucho tiempo como para cosechar las recompensas.

Jim M.
Escondido, California

Agonía espiritual

Febrero de 2001

HACER REPARACIONES con el asesino de un amigo muy preciado fue el prospecto más aterrador —muy cerca de volver a beber— que enfrenté estando sobria. Pero, a la vez, resultó ser la acción más liberadora que haya tomado jamás en sobriedad y la oportunidad de la cual estoy sumamente agradecida.

Mi carrera como bebedora fue corta, pero intensa: completa, con el trago demoledor por las mañanas, innumerables pérdidas de conocimiento (incluso algunas del tipo de cuatro días de duración, de despertarse en otro país), dos accidentes de auto y cuatro estadías en el pabellón psiquiátrico, donde me desintoxiqué por lo que rezo que haya sido la última vez. Tenía diecinueve años.

Ahora, me he mantenido sobria durante casi dos años y nunca dejo de sorprenderme de cuán profundamente las Promesas se hacen realidad a medida que incorporo los principios de nuestro programa en mi vida. No obstante, los primeros seis meses de sobriedad fueron enormemente dolorosos. Obtuve muy poco alivio de la agonía espiritual en la que me encontraba y, porque no trabajaba los Pasos, mi compulsión hacia la bebida no mejoraba.

Una fría noche de octubre, mientras esperaba que me llevaran en auto, temblando y tímidamente participando en una reunión posterior a una reunión, alguien sugirió que rezara la oración del Tercer Paso y que trabajara el Cuarto Paso. Para decirlo de forma moderada, me resistí. Había leído el Libro Grande y me había sentado en suficientes reuniones como para saber que hacer el inventario de mis resentimientos —y perdonar a aquellas personas que me habían hecho daño— jugaría un gran papel al trabajar el Cuarto y el Quinto Paso. Pero, como en mi mente, era el epítome de una víctima inocente, no veía el motivo para perdonar a alguien, y alimenté mis resentimientos dado que mi vida dependía de mantenerlos vivos.

Finalmente, tuve suficiente. Mi agonía espiritual se estaba volviendo insoportable. No quería volver a beber, y sin excepción, cada AA que conocía, con la calidad de sobriedad que yo quería, había trabajado el Cuarto y el Quinto Paso en su totalidad. Como uno de ellos expresó: "Si deseas lo que tengo, haz lo que hago". Así que me senté y escribí mi Cuarto Paso.

Entonces, al admitir el daño que le provoqué a otro ser humano, pude ver que mis resentimientos no me habían estado quitando el sueño; sino que habían estado gobernando mi vida. Las personas por las que ardí en odio ni siquiera sabían que las odiaba, y si lo sabían, posiblemente no les importaba. Mi ira envenenaba mi alma, no la de ellos. Deseaba herirlos y solo me dañaba a mí. Era como si tomara veneno para ratas y esperara que las personas que para mí representaban las ratas murieran. Y realmente me sorprendió que no funcionara.

Un resentimiento particularmente difícil era aquel que estaba absolutamente justificado. Cuando era adolescente, asesinaron a un querido amigo. Él había formado una parte importante de mi vida y era lo más parecido que tenía a un padre. Cuando murió, sentí como si me hubiese caído a un tanque lleno de tiburones, con un yunque atado a un pie. Parecía que todo el mundo decía: "¡Nada!", mofándose de mi confusión, pérdida y dolor.

A la asesina la declararon culpable, pero insana, y la enviaron a una institución mental estatal. Imaginarme a la asesina en un pabellón con la pintura de la pared descascarada, lleno de pacientes en camisa de fuerza, babeándose, me daba cierto alivio. Al menos estaba encerrada en un lugar horrible, aunque no era lo suficientemente malo, por supuesto. La única justicia que le cabía era que la torturara con mis propias manos hasta morir. Y ni siquiera eso me hubiera provocado satisfacción. Deseaba que a la asesina le doliera, como me dolía a mí y, eso, era imposible.

En las salas de AA encontré a un Dios, según mi propia concepción y, con su ayuda, pude perdonar a la persona que me había causado este profundo dolor. Pero perdonar no es lo mismo que olvidar; y la muerte de mi amigo ocupaba diariamente mucho espacio en mi mente y en mi corazón. Si bien ya no ardía en odio, la asesina aún vivía, gratis, en mi cabeza.

Oré para que se me concediera compasión y la recibí. Una noche comprendí lo afortunada que soy. Todos los errores que cometí cuando estaba enferma los reparé lo mejor que pude; ninguno había sido permanente ni definitivo. La agonía de sentirme responsable de la muerte de otra persona es algo horrible. Lo aprendí en las salas de AA mientras escuchaba a las personas a quienes la bebida los había llevado a ocasionarle la muerte a otra persona; por lo general, al conducir un automóvil. Por ese rumbo iba yo, de no ser por la gracia de Dios. Como alcohólica activa, era una asesina en potencia todos los días. Esa era la verdad y, como toda verdad, era difícil de digerir. También me di cuenta de que cuando la asesina de mi amigo recuperara su juicio a través de la medicación para su enfermedad mental, un arrepentimiento abrumador e irreparable sería parte de su vida para siempre.

Unos días después de cumplir dieciocho meses de sobriedad, supe que me había llegado el momento, con la ayuda de Dios, de hacer lo correcto para corregir la situación. Había aprendido en AA sobre el poder del perdón y la libertad que esto brinda, ya sea al ser perdonado como al perdonar a los demás. Deseaba esa libertad.

Mi amigo estaba muerto; no podía cambiar eso. Lo que podía hacer era reparar el daño por alimentar mi resentimiento de forma egoísta. Había consumido tanta energía en una ira y un odio inútiles, que la mejor forma de corregir la situación era hacer lo que pudiera para fomentar la sanación.

Llevé a un amigo que tenía más de una década de sobriedad a la institución mental conmigo a visitar a la asesina. Me sentía torpe y balbuceaba buscando las palabras; sin embargo, lo que dije era lo que realmente sentía en mi corazón de persona sobria: "La persona que asesinaste era como un padre para mí. Era todo lo que tenía en este mundo. Lo amaba más de lo que puedo expresarlo con palabras. Pero estoy en un lugar donde me siento bien. Solía odiarte por habérmelo arrebatado; sin embargo, ya no te odio. Te perdoné por completo, sinceramente te deseo todo lo mejor en la vida y espero que sigas mejorando. Sabía que sería bueno para mí venir aquí y decírtelo, y espero que te sirva saber que alguien que lo amaba muchísimo y a quien le afectó terriblemente el hecho de perderlo haya decidido seguir adelante y perdonarte, y eso está bien".

Agradecida de que la voz no se me entrecortara ni de no vomitar por esa sensación de mariposas revoloteando en el estómago que tenía, respiré hondo y en silencio recé una oración de agradecimiento. Luego, me senté y vi cómo el ser humano que estaba frente a mí manifestaba el más profundo pesar y arrepentimiento que jamás había visto antes. Me permitió estar en paz con mi pérdida. Ahora creo que la enfermedad mental se había apoderado de esta mujer, despojándola del poder de elegir y que mi amigo murió porque solo estaba en el lugar equivocado, en el momento equivocado.

Mientras caminaba por la vereda hacia mi auto, sentí el más profundo grado de perdón que haya conocido. Se me quitó un enorme peso de encima. Me sentí libre y purificada. Acababa de encontrar alas y eran mías.

Holly H.
Huntsville, Alabama

La boca que bramaba

Agosto de 2001

SIEMPRE HABLÉ DEMASIADO. Muchísimo antes de que tomara mi primera cerveza y muchísimo después de que dejara el último vaso de escocés, hablé demasiado. Cuando sentía miedo, hablaba para esconder mi miedo, cuando no me sentía suficiente, hablaba para convencerte de que yo era moderno, sofisticado y genial; cuando me metía en problemas, hablaba con tanto rodeo, que muchas veces las maestras o los policías o los sargentos levantaban las manos en señal de derrota. Hablaba tanto que me volví muy bueno para eso. O al menos eso creía.

Pero a medida que se acumulaban los años de sobriedad, decidí que era momento de analizar sin temor y de forma inquisitiva ese defecto de carácter. Fue entonces que descubrí algo alarmante acerca de mí: para llenar el vacío de palabras, mucho de lo que decía eran cosas negativas. De hecho, muchos de mis monólogos eran poco más que descargas verborrágicas contra personas, lugares y cosas —desde el Presidente hasta mi familia política e, incluso, mis amistades y mis compañeros de AA.

Un hermoso día de otoño, tuve un momento de claridad mientras conducía con mi esposa y otro AA y su esposa. El AA era alguien a quien yo había estado apadrinando durante años. También era una de las pocas personas que hablaba más que yo. Mientras viajábamos, comencé a poner atención a lo que decía. Aquí detallo cómo se suscitó su charla aquel día: primero, presentó el problema; luego, una solución estúpida de algún fulano de tal (que no solo no funcionaba, sino que empeoraba la situación); después, su propia solución, seguida de una serie de eventos que probaban que su solución era la única valedera. Cuando surgía un tema nuevo, mi ahijado escuchaba un rato —pero no por mucho tiempo. Entonces, él empezaba todo el ciclo de nuevo.

Al escucharlo —me refiero a realmente escuchar lo que decía— abrí los ojos (y mis oídos) a lo que yo había estado haciendo todos estos años. A medida que lo escuchaba, me escuchaba a mí mismo. Si apadrinas personas, jamás necesitarás un espejo.

Tan pronto como me di cuenta de esto, admití que no tenía control de mi lengua y analicé sin temor ese defecto, y apareció la solución: si solo dijera cosas positivas, hablaría la mitad de lo que lo hago.

Desde aquel día en el auto, he intentado vivir este simple precepto. Cuando comienzo a calumniar a alguien, rápidamente controlo mi lengua. Desde entonces, me he metido en muchos menos problemas. (Y desde aquella vez, he compartido esto con mi ahijado; él también tiene que hacerlo). Oh, sí, tengo mis deslices. Recupero la costumbre. Antes de darme cuenta de lo que estoy haciendo, me aferro a la última debacle de fulano de tal, o al programa de fulano de tal o al matrimonio o a lo que sea. No somos santos. Jamás dominaré del todo esta idea. Pero soy mucho mejor persona de lo que solía ser.

La persona que solía ser es aquella que siempre espera a la vuelta de la esquina. Si cierro los ojos, puedo verla. Usa una chaqueta de cuero negra, fuma una colilla, apoya la espalda contra la pared del edificio y dobla una rodilla. Me espera para repartirnos una caja de seis cervezas y que me una a él en maldecir y quejarse de todo, empezando por su exjefe, pasando por el Ejército, hasta llegar a la iglesia, la academia el gobierno —y AA.

Pero cuando cierro la boca a la charla infernal, el antiguo yo se cansa de esperar que alguien se compadezca de él. Cuando solo digo cosas positivas, mi antiguo yo desaparece. Arroja el cigarrillo en la alcantarilla, se levanta el cuello de la chaqueta y se aleja. No quiere ni oírlas.

John Y.
Russell, Pennsylvania

Una sensación extraordinaria

Marzo de 1997

YO ERA UNO DE ESOS principiantes de AA que se irritaban con las "partes que se referían a Dios" de los Doce Pasos. Pensaba que estaba por debajo de mi dignidad creer en Dios. Como alcohólico incipiente con apenas veinte años, me había enamorado del existencialismo, una filosofía que contempla el papel del individuo aislado en un mundo absurdo. El existencialismo parecía dignificar mi sensación de aislamiento y unicidad e impartía una especie de patetismo trágico a la impulsividad de la embriaguez que a mí me gustaba imaginar como actos de libre albedrío.

Sin embargo, incluso durante mis primeros días en AA, no me atrevía a husmear en el programa, mucho menos rasgarme las vestiduras por algo. Sospechaba que, si me iba a permitir la licencia de hacer una excepción en mi caso —como determinar que ignoraría los Pasos de Dios— debía abrirme a encontrar una justificación por la cual bebía. En consecuencia, me determiné a encontrar un estilo de vida a través de todo el programa de AA, lo que incluía a Dios.

¿Pero qué significaba el Tercer Paso? "Decidimos poner nuestras voluntades y nuestras vidas al cuidado de Dios, como nosotros lo concebimos". ¿Cómo diablos alguien tomaba semejante decisión? Poner mi voluntad y mi vida al cuidado de Dios sonaba como un proceso enormemente complicado. E, incluso, en caso de poder determinar cómo hacerlo, ¿qué sería de mí si accedía? Me preocupaba que, al obedecer la voluntad de Dios, terminara haciendo algo valiente y abnegado —y completamente repugnante.

Los "Doce y Doce" afirmaban que lo único que se requería para dar el Tercer Paso era "una llave denominada voluntad". Creí que estaba dispuesto. Mientras me imaginaba sosteniendo esta "llave" esquiva, esperé la transformación y no sentí nada. El libro también comparaba el entendimiento de un Poder Superior a una corriente eléctrica que fluía, oculta y potente, a través de los circuitos de una casa. Pero era incapaz de sentir el movimiento de dicha fuerza o de encontrar el interruptor que la activaría en mi vida.

La llave finalmente giró, la electricidad finalmente fluyó, de una forma tan calmada y simple que jamás podría haberla deseado conscientemente.

En el momento en que logré la sobriedad, había estado viviendo con un hombre durante varios años. Nuestra relación había sido problemática por mucho tiempo y mi nueva sobriedad solo agravó nuestros problemas ya que él se sintió amenazado por mi creciente confianza en AA y me sentía incómoda con su hábito continuo de beber. Me despertaba en medio de la noche y descubría que no había vuelto a casa, entonces me invadía un pánico doble de que hubiera muerto en un accidente terrible o de que estuviera con otra persona. Me quedaba acostada en la cama, con los ojos muy abiertos y el corazón acelerado hasta que sentía la llave en el cerrojo.

Una noche todo comenzó de manera usual. Me desperté, me di cuenta de que no estaba en casa y sentí que el miedo afloraba. Entonces, ocurrió algo completamente diferente. Comprendí que no debía ir en esa dirección. Sin siquiera pensar en lo que estaba haciendo, dije, no exactamente a "Dios", sino definitivamente a mí misma: "Lo que sea que ocurra, permíteme aceptarlo". De inmediato, me invadió una ola de calma. El pánico se disipó. Sabía desde lo más profundo de mi ser que, porque estaba sobria y porque no iba a beber por esta situación, me sentía bien. Confiaba en algo. Me dormí.

Eso fue hace dieciséis años. Cuando desperté a la mañana siguiente, sabía que al fin había dado el Tercer Paso y que estaba llena de júbilo. El Tercer Paso continuó manifestándose en mi vida de formas cada vez más sorprendentes y profundas, ya que como prometen los "Doce y Doce", "Una vez que hemos metido la llave de la buena voluntad en la cerradura", y experimentamos esa primera vez en que se abre la puerta, "nos damos cuenta de que siempre podemos abrirla un poco más". Poco después de "cambiar" aquella noche, terminé la relación con el hombre con el que convivía. Unos años más tarde, me casé con un hombre que conocí en AA. Me mantuve sobria y sigo asistiendo a las reuniones.

Y, curiosamente, seguir un camino espiritual se ha vuelto cada vez más esencial para mí. Contrariamente a mi temor de que dar el Tercer Paso me condenaría a una vida de valiente abnegación; descubrí, en cambio, que me libera para pensar y actuar como mi verdadero ser. Mi trabajo, que consiste en escribir y liderar expediciones a zonas desérticas, ayuda a las personas a explorar esa conexión entre la naturaleza y el espíritu. Al seguir esta dirección, mi propio recorrido ha fluido a lo largo de varios afluentes. En definitiva; sin embargo, todo el proceso se reduce al Tercer Paso: mantengo mi sobriedad y pongo mi voluntad y mi vida al cuidado de Dios según concibo a esta entidad sabia y radiante que se manifiesta en mi propia alma.

Hay una actualización de esta historia. Un defecto de carácter con el que batallé durante años fue la envidia amarga hacia otros escritores a quienes percibía más exitosos que yo. Había trabajado arduamente para deshacerme de este dolor crónico; no obstante, continuaba siendo provocado fácilmente. Hace algunas semanas, hice una sesión guiada imaginaria en la que veía cómo un mono bondadoso extirpaba la bilis negra y amarga del celo profesional, la colocaba en la tierra donde se disolvía y se volvía inofensiva. Un par de días después, mi hijastro me llamó para decirme que habían aceptado su primer libro para publicarlo. Esperé la garra de la envidia; pero, para mi asombro, no sentí nada más que felicidad por su éxito.

Al día siguiente reflexioné sobre este suceso mientras conducía mi auto por la autopista. Pensaba acerca de cómo el cambio interior parece llegar solo cuando realmente estamos preparados para eso. Y, luego, escuché muy claramente una voz: ¿Finalmente estás preparada para desprenderte y vivir tu destino?

Una parte vieja y persistente mía —que no podía dejar pasar una oportunidad sin negociar aquello que quería— se sublevó y pensé:

Quizá, si digo que sí, me convertiré en una escritora famosa.

Le dije que sí a la voz.

"No", me dijo. "¿Estás preparada para entregarle tu vida a Dios?"

Todas las veces que mi Poder Superior se había dirigido directamente hacia mí durante mis años de sobriedad, nunca antes se había referido a sí mismo como Dios. Ciertamente yo jamás lo había llamado así. El hecho de que ahora sí lo hiciera, me sacudió enormemente. ¿Cómo podía discutir?

"Sí", respondí simplemente. "Estoy preparada".

Luego tuve una sensación extraordinaria. Fue como si todo mi cuerpo se vaciara de aquello que ya no necesitaba y de manera instantánea se llenara de algo más. La sensación fue de luz y energía, una especie de corriente que provocaba un cosquilleo recorriéndome.

Aquí, otra evidencia más de que los milagros de AA siempre pueden ser más profundos y se pueden cristalizar si no bebo, si pongo en práctica los Pasos y si confío en el proceso. Siempre que tenga la voluntad para hacer lo que estoy llamado a hacer en determinado momento y para abandonar el esfuerzo de controlar los resultados de mis acciones, entonces estaré siguiendo el camino que mi Poder Superior —llámese Dios, Dirección buena y ordenada, el alma, la fuerza de la vida, o lo que sea— haya dispuesto para mí.

Trebbe J.

Thompson, Pennsylvania

Espera la señal

Marzo de 2001

TRANSCURRÍA EL VERANO DE 1999, y para poder cubrir los costos de la boda en octubre, que mi novia y yo habíamos planeado, yo trabajaba como mozo, niñero de borrachines en un pequeño y lujoso local de venta de ginebra.

Yo estaba en mi sexto año de sobriedad. Sabía todo acerca del "actor" que figuraba en el Libro Grande y de su deseo de controlar los elementos de producción, estaba familiarizado con la llave de la voluntad y era consciente de la naturaleza de un juicio determinado y persistente. En mi opinión, tenía el Tercer Paso perfectamente claro. Aun así, sufría una enorme ansiedad cuando me preguntaba cómo íbamos a pagar nuestra boda, cómo podía soportar otra noche en el trabajo y cómo nos íbamos a manejar después de casarnos.

Sumido profundamente en esta aprehensión, un amigo que tenía una buena posición en el mundo corporativo me ofreció cuatro entradas gratis para un partido de los Yankees por la tarde. Jugaban contra mi equipo favorito, los Tigers, y los asientos estaban justo detrás del banco, atrás de la tercera base. Era justo el recreo que necesitaba y, con gusto, acepté las entradas. Pero la consternación le siguió a la aceptación.

Ninguno de mis compañeros se podía tomar la tarde libre para pasarla conmigo en el estadio. Estaba atascado con tres entradas fantásticas y no sabía qué hacer con ellas. Decidí ponerlo al cuidado de Uno que es Todopoderoso. Me arrodillé y dije que confiaba en que él sabría qué hacer con esas entradas.

Viajando en el tren número 5 hacia el estadio de los Yankees, analizaba a mis candidatos. Ninguno parecía ser el correcto. Continué depositando mi confianza en mi Poder Superior.

En la boletería encontré a un hombre con dos niños, un nene y una nena. Tres fanáticos del béisbol. Tres entradas. Le pregunté al papá si las quería. No podría aceptar ningún dinero (da libremente lo que has recibido libremente), pero le advertí a él y a los niños que se quedarían conmigo durante la tarde. Prometí comportarme y de manera amable rechacé su oferta de una cerveza. Un refresco, pensé que estaría bien.

Obtuve aquello por lo que había venido. Fue una contienda tensa. En la última entrada, los Tigers pusieron a un hombre en la primera base y el siguiente bateador lanzó una pelota lenta. Alineó la pelota al campo derecho y el corredor, que había dado un salto asombroso, estaba llegando a la segunda. El campista derecho de los Yankees atrapó la pelota limpiamente; pero precipitó el lanzamiento a la tercera base. La pelota cayó en el recuadro del entrenador, golpeó la baranda frente a nosotros e hizo una carambola justo sobre nuestras cabezas. Se suscitó un revuelo despiadado. El niñito quedó bañado en cerveza, pero su papá emergió con la pelota. Se la entregó a su hijo, que estaba empapado pero feliz, el orgulloso nuevo dueño de una pelota de las ligas mayores.

Un escritor especialista en los Yankees encabezó su columna al día siguiente con aquel error de lanzamiento, el niño empapado en cerveza y el papá que había recuperado la pelota. Leyendo el relato del periodista, me di cuenta de que todo aquello había sido obra de Dios. Se diseminó desde Él, a través de mí. Un papá ahorró algo de dinero, un niñito obtuvo un recuerdo y el chico del periódico encontró un titular para su informe, porque yo había confiado en que Dios me mostraría cómo actuar en esta simple situación.

Los Tigers, de manera sencillamente horrenda aquel año, vencieron a los Yankees, quienes pronto se convertirían en campeones de la Serie mundial. Nuestra boda fue un evento elegante e inolvidable para el que recibimos toda la ayuda que necesitábamos. Me había retirado del trabajo de la taberna para siempre, Dios mediante.

Hoy en día, enfrento dificultades que hacen que los trabajos desagradables y la distribución de entradas gratis sean insignificantes en comparación. Mis más grandes desafíos están frente a mí. Pero mi experiencia con el Tercer Paso, incluso en los asuntos más pequeños, me da el valor para enfrentar lo que se avecine, veinticuatro horas a la vez.

Pete P.
Manhattan, New York

SECCIÓN DOS

La prueba decisiva

"Entonces, nos vemos enfrentados con la prueba decisiva: ¿podemos mantenernos sobrios, mantener nuestro equilibrio emocional, y vivir una vida útil y fructífera, sean cuales sean nuestras circunstancias?"
—Doce Pasos y Doce Tradiciones, pág. 88

Como alcohólicos activos, por lo general reaccionamos a un problema bebiendo. Luego nos permitimos la autocompasión, el resentimiento, el miedo —que no resolvió el problema. Como miembros sobrios de AA, podemos elegir un camino diferente, al igual que quienes escriben estas historias. En lugar de renunciar o ceder ante la desesperación, estos AA pudieron reaccionar ante los desafíos de la vida y permanecer sobrios —y "mantener el equilibrio emocional, y vivir una vida útil y fructífera".

Era una noche oscura y tormentosa

Octubre de 1998

LA MAYOR PARTE DE MI VIDA ha transcurrido en las aguas de varios océanos. Mi padre era capitán marítimo y, de parte de mi madre, había varios marineros en la familia. Se esperaba que yo fuera capitán de barco. Los hechos que describo aquí sucedieron durante la primavera de 1980. Me contrató una compañía en Anchorage, Alaska, para capitanear su gran barco pesquero, el Carole Jeane. Aquella primavera, llegué a Seward para embarcarme.

Mi querido amigo Vic C. y yo habíamos estado en la comunidad durante varios años. Vic me había insistido para que lo llevara conmigo en mi próximo viaje en las aguas de Alaska; por lo tanto, ya que él era bueno con los motores marítimos, se convirtió en el ingeniero a bordo del Carol Jeane. Luego de una cuidadosa inspección del barco, concluimos que no era apto para la navegación y pasamos varias semanas trabajando para lograr poner el barco en marcha, si bien continuamente les advertíamos sobre las condiciones inseguras del navío.

Mientras tanto, en la ciudad de Seward, nos reuníamos varias personas que teníamos problemas con la bebida; ese fue el comienzo de un programa de AA organizado aquí. (En la actualidad tenemos, por lo menos, dos reuniones muy concurridas todos los días).

El barco finalmente estuvo listo. Mi tripulación estaba compuesta por Vic, el ingeniero; Bob, el joven cocinero; Tom, el primer oficial y yo. Zarpamos de Seward un día tormentoso y fijamos guardias de navegación. Vic y el cocinero formaban un equipo, mientras que Tom y yo conformábamos la otra guardia. Las primeras horas desde que dejamos el puerto transcurrieron sin problemas. Realmente sentía que teníamos el barco bajo control y que todo era normal y que los motores funcionaban bien.

Luego empeoró el clima a medida que se cernía la noche, y luego de cenar, le dije a Vic y al resto de la tripulación que durmieran un poco. Acababa de regresar de la sala de máquinas y las cosas parecían estar bien, al igual que todos los sistemas. Me serví un café en la cocina.

Había estado al timón por aproximadamente dos horas cuando, de repente, Bob, el cocinero, subió corriendo la escalera hacia el puente gritando: "¡Nos incendiamos, nos incendiamos!". Lo seguía una estela de humo negro. Yo no podía creer lo que estaba pasando. El fuego había comenzado muy fuerte y, al principio, no me di cuenta de esto. Detuve el barco para que pudiéramos concentrarnos en combatir el incendio. Luego de unos minutos de una batalla en vano, me di cuenta de que estábamos a merced del fuego y que el barco se iba destruyendo rápidamente. Envié un mensaje pidiendo socorro —con el nombre del barco, la ubicación y el problema: fuego en alta mar. Pensé que el mensaje se había transmitido, pero no hubo respuesta. El cargamento del barco consistía en dos botes con red de enmalle grande, más unos tambores con 4,000 galones de combustible para avión que estaban sobre la cubierta. También llevábamos unos tanques con 25,000 galones de diésel. En la bodega de carga del barco teníamos almacenadas muchas toneladas de material inflamable.

Sabía que debía abandonar el barco o, de seguro, moriríamos cuando el barco explotara. Tom y Bob encontraron trajes de supervivencia. Dado que nuestro bote salvavidas y los botes más pequeños se habían incendiado, habíamos perdido nuestro equipo principal de supervivencia. Pensábamos que pasar una enorme cantidad de tiempo en las gélidas aguas del Ártico en el Golfo de Alaska no era una idea muy reconfortante. Les ordené a los hombres que arrojaran por la borda cualquier cosa que pudiera flotar. Me arrastré hasta mi camarote con una toalla enroscada en la cabeza, como una especie de escudo contra el tóxico humo negro. Finalmente, a través del tacto, pude encontrar un traje de supervivencia que después supe que ya había sido dañado por el fuego y estaba lleno de agujeros.

Aún puedo ver a Vic saltando al mar helado, usando solo un salvavidas y vestido con la ropa diaria de trabajo. Su traje de supervivencia se había quemado. Mientras nadábamos alejándonos del fuego encontramos una caja de poliestireno y varias maderas. Vic se subió a la caja para protegerse del frío, pero la caja se llenó con el agua fría del mar y la situación empeoró.

Las olas iban de diez a doce pies y, tanto la neblina como la oscuridad, reducían la visibilidad a unas pocas yardas. Estábamos en una situación desesperada y lo sabíamos. Los dos jóvenes miembros de la tripulación estaban muy asustados y pronto se pusieron histéricos. Esos jóvenes estaban seguros de que iban a morir en las aguas gélidas de Alaska. Vic y yo decidimos que la única forma de que pudiéramos restablecer algo de orden y lograr que nuestra tripulación volviera a pensar en sobrevivir fue ¡organizar una reunión de AA! ¿Se pueden imaginar a dos miembros de la comunidad de Alcohólicos Anónimos organizando una reunión a la deriva, en pleno Golfo de Alaska, una noche oscura y tormentosa, aferrándose a un pedazo de poliestireno? Nuestros dos jóvenes miembros de la tripulación estaban cautivados; dejaron de desvariar y delirar y comenzaron a escucharnos a Vic y a mí hablar sobre lo buena que eran nuestras vidas y lo afortunados que fuimos de haber encontrado el programa de AA. Vic y yo realmente nos reíamos mientras compartíamos nuestras aventuras juntos en sobriedad.

A medida que el tiempo pasaba, Vic se enfriaba más y más y teníamos que sostener su cuerpo y mantener su cabeza fuera del agua para evitar que se ahogara. Luego de aproximadamente tres horas, apareció la luz de un bote en medio de la neblina. En ese momento, los restos ardientes del naufragio se mantenían a flote y estaban aproximadamente a un tercio de milla de distancia. El barco de rescate comenzó un patrón de búsqueda que tomó otras dos horas antes de que nos divisaran en el agua. Luego de que nos sacaran del agua, más muertos que vivos, nos empezamos a calentar. Vic deliraba por el momento, por lo tanto, lo envolvieron en mantas. Subí a la litera con él e intenté pasarle mi calor corporal.

Nuestro barco de rescate nos llevó nuevamente a Seward a donde nos hospitalizaron a todos. Al día siguiente nos dieron el alta a tres de nosotros, pero Vic permaneció en cuidados intensivos durante varios días dado que su temperatura había sido más baja que lo normal por un largo tiempo. Finalmente, también le dieron el alta. Vic vivió tres años más. Jamás pudo volver a trabajar en su antiguo oficio. Nunca más volvió a ser el mismo.

Vic C. fue mi inspiración y mi entrañable amigo. Me apoyó y me introdujo al programa de Alcohólicos Anónimos. Fue mi padrino.

Jack S.
Seward, Alaska

El valor de la vida

Junio de 2005

ESTOY CUMPLIENDO cadena perpetua en prisión por un accidente relacionado con el alcohol, que tuvo como consecuencia la muerte de un hombre inocente. Hasta ahora, he tenido varios miles de días para reevaluar mi vida.

Cuando las sombras de mi pasado salieron a la luz, agradecí por el "diseño de vida" que proporcionan los Doce Pasos. Me ayuda a manejar el impacto de quién era, quién soy hoy y quién quiero ser. Sin embargo, luego de diez años de sobriedad, descubro que solo estoy rascando la superficie. He pasado momentos muy dolorosos de reflexión acerca de mi vida y sobre las acciones y la conducta que me trajo a donde estoy actualmente.

Hoy en día, afortunadamente, una mente clara y sobria me da el marco para asegurar las prioridades donde deben estar. Esas prioridades se han vuelto parte de lo que considero fundamental para tener éxito en mi vida. Pero, incluso más importante, son imperativas para la felicidad y el éxito de mi familia. Alguien dijo que el gran regalo que uno le puede hacer a la familia es la tranquilidad, y concuerdo plenamente.

No obstante, toda vez que creo que tengo todo en su lugar y que la transformación hacia una nueva vida es total, algo sucede y me recuerda que soy una obra en desarrollo.

Hace tres años, en mi séptimo año de sobriedad y seis años de prisión, creí que finalmente había logrado todas mis prioridades. No pude haber estado más equivocado.

Estaba charlando con un buen amigo por teléfono y había mencionado que mi hija más pequeña, Shelly (no es su nombre verdadero), cumpliría seis años en un par de semanas. Le expliqué que me ponía muy triste que ella no supiera lo que es tener un papá en el hogar. Hasta aquel momento, el único papá que Shelly conocía era el que veía de vez en cuando en la sala de visitas de una prisión. Cuando era una bebé, me enteré de que yo iba a prisión por la pérdida de la vida de un hombre, por lo tanto, recordé cada cosa única de ella y esperaba que ella me reconociera cuando me volviese a ver.

A medida que mi amigo y yo hablábamos, él se daba cuenta de mi desesperación y quiso hacer que el cumpleaños de Shelly fuera mejor. Me preguntó qué clases de cosas le gustaban porque quería ir y comprarle unos regalos de mi parte. Me senté en silencio mientras estaba al teléfono porque no tenía ni idea de lo que a mi pequeña le gustaba o qué quería. No pude seguir hablando, colgué el teléfono y me fui a mi cama a llorar. Pensé que había hecho todos los cambios adecuados para garantizar la felicidad de mi familia y ni siquiera sabía qué decirle a mi amigo acerca de mi propia hijita. Había, nuevamente, descubierto una prioridad importante en mi vida que faltaba —no solo con mi hija más pequeña, sino con todos mis hijos.

Esto me dio la oportunidad de hacer algunos cambios necesarios. Ciertamente, fue duro enfrentar otro fracaso, pero al lidiar con la vida según los términos de la vida misma, yo ya sabía que, por momentos, sería difícil.

Siete años después de mi último trago, aún no me había transformado en la persona que quería ser. Pero, luego de semanas y semanas de hacer preguntas y de compartir risas con mi pequeña, estoy mucho más cerca de ser esa persona.

Descubrí que todo lo que yo creía que era realmente importante, ya no lo era. Descubrí que las pequeñas cosas que daba por sentado diariamente eran las cosas que más significado tenían. Cuando la neblina se disipó, yo estaba parado solo en una tierra desconocida; me di cuenta de cuán nublado había estado mi pensamiento durante el aturdimiento que yo mismo me provocaba. Muy rápidamente, descubrí que mi familia estaba esperando, con sus corazones llenos de esperanza, que regresara aquella persona que conocían y amaban.

Mientras continuaba trabajando los Pasos, escribí mis metas y prioridades con lápiz, para poder borrarlas después. Esto no para desestimarme, sino para poder luchar por resultados más ambiciosos. La recuperación es un proceso de por vida; el momento en que grabe en una piedra la fórmula para vivir, redescubriré y recuperaré algo que es primordial para el valor de mi vida. Y, luego, buscaré otra piedra.

Si bien es difícil no envidiar a aquellos de ustedes que hoy están libres y pueden abrazar a sus esposas e hijos y decirles lo mucho que significan para ustedes, agradezco mucho a AA y en lo que ha hecho por mi vida. En la recuperación, mi vida verdaderamente mejora, día a día. Cada contratiempo que enfrento realmente es solo otra oportunidad oculta. Es otra posibilidad para que me convierta en un mejor ser humano. Si la vida puede mejorar para mí dentro de los muros de esta prisión, entonces sé que puede mejorar para cualquiera.

Hoy en día, comparto esta comunidad con los alcohólicos en recuperación de todo el mundo que se han tomado su tiempo para escribirme e impactar mi vida de forma positiva. AA es una comunidad asombrosa, llena de gente sorprendente. Siento una constante humildad por la maravilla de todo.

Jeff P.
Blythe, California

Un café espiritual

Agosto de 2001

LOS ALCOHÓLICOS en recuperación y el café parecen ir mano a mano —o taza en mano. (¡Si no hay café cuando queremos, la vida puede ser muy poco manejable!) El progreso espiritual de mi experiencia con el café demuestra cómo los Pasos me han ayudado a mejorar la relación con mi esposa.

En las primeras etapas de mi sobriedad, trabajaba por las noches en el mismo trabajo que había tenido durante algunos años. Con frecuencia, mi esposa se levantaba antes que yo y comenzaba su día. En ocasiones, se iba a trabajar, a veces llevaba a los niños a la escuela y, otras, simplemente hacía cosas en la casa. Algunas mañanas, preparaba café y, algunas otras, se conformaba sin éste.

Yo me levantaba al rato después que ella y le preguntaba si había café preparado. Por lo general, la respuesta era que no. ¡Esto era motivo de mucha discusión! Solo no podía entender por qué no preparaba el café y, si ella no quería tomar, simplemente me lo dejaba para mí cuando me levantaba. No entendía por qué demandaba tanto esfuerzo preparar una jarra. Luego de varias de estas discusiones, decidí que nada de lo que dijera haría diferencia, así que no intentaría convencerla de que ella debía preparar café. Claramente podía ver que mis lamentos caían en oídos sordos. Así que me levantaba y, a regañadientes, preparaba el café y nos sentábamos a tomar una taza o dos.

Si bien dejé de mencionárselo a mi esposa, con frecuencia volvía a ese pensamiento —es decir, el resentimiento. Sabía que no tenía control sobre el hecho de que el café estuviera preparado antes de levantarme, y comencé a ver la ingobernabilidad de esta situación en mi vida (Primer Paso).

Sabía que necesitaba la ayuda de Dios y que él podía hacer por mí lo que yo no podía o no había hecho por mí mismo (Segundo Paso). También sabía que necesitaba presentarle este problema a Dios y dejar que él me librara de mi deseo de que las cosas fueran a mi manera. Cuando recé la oración del Tercer Paso, me discipliné para realmente escuchar las palabras "líbrame de mi propio encadenamiento para que pueda cumplir mejor con Tu voluntad. Líbrame de mis dificultades, que siempre haga Tu voluntad". Cuando escuché las palabras de esta oración, supe que mi dificultad no era tener el café listo cuando me levantaba a la mañana. Mi dificultad era propiamente mía. Eso se vuelve evidente al intentar que los demás hagan las cosas como yo creo que es mejor —de la forma en que mejor se adecue a mis deseos.

A continuación, tenía que analizar el egoísmo al intentar dirigir el espectáculo a mi manera (Cuarto Paso). Pude darme cuenta y lo admití ante Dios y mis compañeros (Quinto Paso). Estaba convencido de que para que Dios eliminara mis defectos de carácter, primero debía dejar de practicar mis defectos de carácter y de hacer lo que no estaba dando resultado (Sexto Paso). La Oración del Séptimo Paso dice: "Te ruego que elimines de mí cada uno de los defectos de carácter que me obstaculizan en el camino para que logre ser útil a Ti y a mis semejantes".

Luego de unos años de sobriedad, surgió una oportunidad de reubicarme en Omaha y trabajar el turno diurno. Como persona que trabajaba de día, tenía una rutina nueva que seguía cada mañana. Me levantaba a las 5:30 a.m. y preparaba una jarra de café. Luego me duchaba, me cepillaba los dientes y me vestía mientras el café se iba haciendo. Servía dos tazas de café, una para mi esposa y otra para mí, y, mientras el café se enfriaba (a mi esposa le gusta su café un poco más tibio), yo rezaba mis oraciones y meditaba (Undécimo Paso). Luego, mi esposa y yo tomábamos el café y conversábamos antes de que yo me fuera a trabajar (Octavo y Noveno Paso).

Desde entonces, volví a mudarme a la zona rural de Iowa y cambié de trabajo. Aún trabajo en el turno diurno y me levanto antes que mi esposa. Todavía preparo el café y sirvo dos tazas cada mañana (Décimo Paso). Aún me tomo mi tiempo para rezar las oraciones y meditar mientras el café se entibia. Todavía tomamos nuestro café juntos y conversamos cada mañana. Esto es lo más espiritual que la vida puede ser para mí cuando vivo como si hubiese tenido un despertar espiritual como consecuencia de estos Pasos y pongo en práctica dichos principios en todos mis asuntos (Duodécimo Paso).

El domingo pasado, mientras íbamos hacia la iglesia con nuestros cuatro hijos, le mencioné esta experiencia del café a mi esposa. Mi insistencia de que el café estuviera listo para cuando me levantara había quedado varios años atrás y mi esposa dijo que apenas se acordaba de esos episodios —o discusiones, como me gusta llamarlos. La conmovía el hecho de que viera el ritual de tomar café con ella como una experiencia espiritual.

También compartí esta experiencia por primera vez con mi grupo base el sábado pasado por la noche. Fue una experiencia muy movilizadora que me hizo lagrimear. (Todavía tengo ego y no me gusta decir que compartir este tipo de experiencias me hace llorar).

Por cierto, esto refuerza la importancia de tener un grupo base donde cada miembro pueda sentirse cómodo compartiendo su experiencia, fortaleza y esperanza. Necesito que mi grupo base sea un lugar en el que puedo aprender a practicar los principios expresados en los Doce Pasos con otros alcohólicos. Esto pone en acción mi voluntad de poner en práctica dichos principios en todos mis asuntos, incluso en la vida de hogar.

Bill H.
Vinton, Iowa

Ganadores y perdedores

Octubre de 1994

AMO LA DIVERSIDAD de nuestra comunidad. Logré la sobriedad en un pequeño pueblo bendecido con tres reuniones diarias, y llegué a apreciar que hay varios tipos de reuniones —las reuniones intensas y difíciles para principiantes, las filosóficas para los que han logrado media sobriedad y las reuniones de los veteranos que viven la solución. Por lo general puedo hacer un inventario de mis sentimientos y necesidades, luego elegir la reunión que es más adecuada para mí. Lo que en ocasiones sucede, sin embargo, es que puedo olvidar de manera egoísta qué reunión es la apropiada para el servicio.

Hasta ahora llevo tres años estando sobrio y, durante el verano pasado, la vida fue como una brisa. Cuando la vida es fácil, por lo general asumo que es porque Dios lo quiere y soy bastante espiritual. Pero cuando tengo un problema emocional, asumo que la vida es un obstáculo y que Dios se fue a pescar. Lo que tuve que descubrir es que no puedo resolver nada —que cuando la vida es un obstáculo, por lo general significa que no estoy viviendo según el hecho de que esa vida tiene sus altibajos. La parte más difícil de esta fase de mi desarrollo parece ser mi falta de compasión por mis propias dificultades físicas y emocionales. Me castigo más cuando estoy caído.

El verano pasado, todo era muy simple. Tenía un trabajo estupendo; estaba trabajando a través de amistades cercanas con personas del programa y me mantenía en buen estado físico. Luego, este invierno, me lesioné la espalda, perdí mi trabajo y he tenido dificultades para mantenerme en contacto con las personas. He estado pasándole mis problemas a Dios de forma diaria; he estado trabajando los Pasos; he estado asistiendo a muchísimas reuniones; he estado trabajando con mi padrino y, a su vez, apadrinando a dos excelentes compañeros, y, aun así, he estado viviendo con temor y teniendo depresión física, espiritual y emocional. Fácilmente me surge la idea de que no soy lo suficientemente bueno o que soy difícil de amar o que merezco la desdicha.

Mi vida es tan incómoda ahora, y parece no haber señal de cambio y, aun así, sé por quienes me rodean que el tiempo toma tiempo. Mi crecimiento siempre ha sido lento y doloroso. En ocasiones tengo que reír cuando leen la frase de las Promesas: "a veces rápidamente". Pero me ayuda a recordar que la frase que sigue es: "Siempre se convertirán en realidad si llevamos a cabo las acciones correspondientes". Lo que noto más es que no estoy bebiendo —un milagro cuando pienso que hay personas que han atravesado circunstancias similares— y que estoy hablando de mis sentimientos. Y soy bien consciente de que solo no puedo resolver mis problemas; pero que junto a Dios y la comunidad, puedo seguir creciendo y viviendo.

Así que, estos días, asisto a todas las reuniones. Trabajo con principiantes en las reuniones intensas y difíciles para recordar cómo era cuando llegué aquí; asisto a las reuniones filosóficas porque necesito escuchar cómo las personas se mantienen sobrias y voy a las reuniones de los que permanecen en la solución porque necesito celebrar mi sobriedad y darme un respiro. Hay ganadores y perdedores y, en ocasiones, parezco personificar a ambos. Soy, como me lo recuerdan mis amigos, un ser humano.

Luego de tres años, finalmente estoy llegando a la segunda mitad del Primer Paso: mi vida es ingobernable. (Dicen que si beber no te pone de rodillas, lo hará la sobriedad). Pero quiero reconocer que, sobre todo, —y siempre se me recuerda que no ha sido hace mucho, solo que parece que lo fue— la comunidad de Alcohólicos Anónimos jamás me ha fallado.

Gabby H.
Port Townsend, Washington

La fe en su máximo esplendor

Noviembre de 2003

AYER FUE MI BODA. He tenido esta relación desde hace ya veinte años y, finalmente, la decisión de casarnos fue motivada por el rápido deterioro físico de la nieta de veinticuatro años de mi esposa. Tiene cáncer y una esperanza de vida no mayor que unas pocas semanas, como mucho.

La ceremonia planificada y precipitada se realizó en su habitación del hospital, con la presencia de cinco generaciones de familiares directos. A la celebración también se sumó un trabajador social cooperativo, bondadoso e inquieto y se le entregó una cámara para ayudar a registrar el evento para la posteridad, que consistía de unos momentos leves y otros conmovedores.

Se intercambiaron los votos y los anillos al pie de la cama de nuestra nieta y su joven hijo participó como portador de anillos. En un momento, tuvo que meterse debajo de la cama para recuperar mi anillo, que mi prometida, nerviosa, había dejado caer antes de que llegara a mi dedo.

Luego de la ceremonia, servimos una torta simple comprada aquella mañana y un par de botellas de sidra burbujeante para brindar por el matrimonio. Para el brindis, le pedí a mi nieta que dijera unas palabras. Habló de cómo, en ocasiones, se sintió abandonada y enojada con Alcohólicos Anónimos por todo el tiempo que pasamos en las reuniones cuando era niña; pero que se sentía agradecida porque estábamos sobrios. También nos dijo que se alegraba de estar viva todavía para ser testigo de nuestra boda, que habíamos pospuesto durante mucho tiempo.

De algún modo, a ninguno nos pareció extraño que la boda no se celebrara en una iglesia, en un parque o en el patio de alguien. Parecía perfectamente natural reunir a la familia para una ocasión alegre, incluso en el medio de los preparativos para una época de luto.

Les cuento todo esto por una razón. Nuestro libro Doce Pasos y Doce Tradiciones afirma que "los AA bien arraigados en el programa parecen tener la capacidad, por la gracia de Dios, para tomar sus problemas con calma, y convertirlos en muestras de fe".

No tengo certeza de si he aceptado el hecho de que nuestra nieta está por morir, pero por alguna extraña razón, no tengo miedo. Ella tiene una fe tremenda en Dios, afortunadamente por vernos crecer espiritualmente en Alcohólicos Anónimos. Creo que, si Dios dictamina que su obra está terminada, no debemos intentar retenerla aquí. Debemos demostrarle que nuestra voluntad es aceptar que la voluntad de Dios no solo se aplica a las cosas mundanas de la vida, sino incluso hasta a la muerte de un ser querido.

Al año de estar sobrio, mi abuela falleció y yo no lo manejé muy bien. Cometí algunos errores que aún debo rectificar y que me costaron mi relación con mi propia madre. Ahora tengo muchos más años de experiencia intentando "poner en práctica estos principios" y, por ello, espero esta vez hacer las cosas de manera muy distinta.

Butch M.
San Diego, California

Epílogo: Todos los presentes concordaron que el día de nuestra boda fue el último día "bueno" de nuestra nieta. Desapareció de nuestras vidas seis días más tarde.

Lo más aterrador

Junio de 2006

LA COSA MÁS ATERRADORA que jamás hice fue lograr la sobriedad. Vivir sin beber alcohol me empujó a un mundo tan extraño y amenazante como un paisaje marciano. Durante treinta años, la botella había sido mi peor amiga, mi querida enemiga. Fue mi compañera, mi cuidadora y su pérdida me dejó vacilante y sola —y temerosa. Tenía miedo de ti. Tenía miedo de mí. Tenía miedo de un Dios que ni siquiera había reconocido. Y estaba aterrorizada de volver a beber.

Así que fui muy cuidadosa. Muy aferrada a mi frágil sanidad, me movía de forma cautelosa a través de los días. Como una refugiada que cruza un rápido, buscaba una base sólida a cada paso. Lejos de casa, sentía que había perdido mi piel. Veía desdén en cada mirada, desaire en cada gesto. En mi departamento, me sentaba a leer en la mesa de la cocina, aunque la sala se encontraba a unos seis pasos de distancia. De algún modo, en el cómodo sofá me podía relajar, perder el propósito, beber.

El grupo al que me uní me salvó la vida, era mi vida, está totalmente integrado a mi vida hoy día. Llevaba mi miedo a las reuniones y me sentaba, muda, y escuchaba. Durante una hora, me sentía segura. Durante una hora, tenía un refugio entre aquellos cuyo miedo había sido alguna vez mayor que el mío. No entregué mi miedo —ellos me lo sacaron. Lo alejaron de mi alcance con abrazos y risas, al compartir experiencias.

Lentamente, me volví menos frágil. Descubrí que no tenía que morir o volverme loca. Aprendí a vivir con quien más temía — yo misma. Desde aquellos días hace más de una década, mi vida ha estado seriamente amenazada por un accidente automovilístico, luego por el cáncer. Pero nada relacionado con la muerte es tan aterrador como el pánico estimulante de intentar aceptar la vida.

Bárbara D.
Carlsbad, California
Bárbara falleció el 10 de noviembre de 2005.
Se mantuvo sobria durante veintiséis años.

SECCIÓN TRES

La libertad del ser

"...el alcohólico es un ejemplo extremo de la obstinación desbocada..."
– Alcohólicos Anónimos, pág. 62

Como alcohólicos activos, la mayoría de nosotros nos centramos en nosotros mismos, y cuando llegamos a AA, nuestro comportamiento aún puede estar motivado por el egoísmo, la concentración en uno mismo, la autoconmiseración y por el miedo centrado en nosotros mismos. Mientras nos mantenemos sobrios, sin embargo, nos liberamos de "nuestro propio encadenamiento", como lo afirma el Libro Grande. Ya no tenemos que ser el centro del universo. Aprendemos un poco de humildad. Cedemos a la idea de que el mundo debe reaccionar rápidamente a nuestras exigencias. Dejamos de intentar manejar el espectáculo —el nuestro y el de los demás. Dejamos de jugar a ser Dios —y resulta ser que en ello encontramos alivio y libertad.

La soledad en la cima

Mayo de 1991

CUANDO LOGRÉ LA SOBRIEDAD por primera vez hace catorce años, no tuve problema para encontrar un padrino. Simplemente casi todos en el grupo habían estado sobrios por mucho más tiempo que yo, por lo tanto, todo lo que tenía que hacer era encontrar una persona que fuera activa y con quien me pudiera identificar. Mi primer padrino fue un borracho vagabundo del barrio de Bowery, en New York. Me identifiqué con su situación de tocar fondo porque yo también había llevado el alcoholismo tan lejos como podía y, aun así, sobreviví. Él se había mantenido sobrio durante diez años cuando yo llegué a AA y en aquel momento eso me parecía una eternidad. Ahora, algunos años después, con frecuencia soy la persona que más tiempo se ha mantenido en sobriedad de las reuniones a las que asisto.

Mi segundo padrino me dijo: "Cuanto más tiempo te mantengas sobrio, más angosto se hace el camino". A los dos años de sobriedad pensaba que eso era un sin sentido. Llegará el día, pensaba, en el que todo será más claro y no tendré dificultades con el programa. Escuché a un veterano decir una vez en un momento de euforia: "En la cima se está solo".

El año pasado, en nuestros grupos murieron tres personas con más de veinte años de sobriedad. En un pueblo pequeño, estas personas habían sido realmente grandes y habíamos dependido muchísimo de ellas. Una de esas tres personas fue mi padrino. Tenía mucho dolor por su artritis reumatoide y también sufría de enfisema. Luego de la muerte de su esposa, empezó a depender de mí y de otros apadrinados para obtener ayuda física y emocional.

Durante ese tiempo, comencé a sufrir ataques de pánico. La mayor parte de mi vida, yo había sido un desastre mental y emocional y había tenido varias hospitalizaciones por problemas mentales severos, incluso recibí tratamiento de electrochoque a los veinticinco años y, si bien AA y Dios eliminaron esos problemas, incluso la idea de que pudieran volver era una gran amenaza. Una noche, luego de una reunión, hablé con un principiante que estaba teniendo problemas. Como cualquiera que ha permanecido sobrio durante un tiempo, sabía qué decir que pudiera ayudarlo a sentirse mejor. Él me dijo que yo tenía un programa maravilloso y me fui a casa lo suficientemente deprimido como para pensar en suicidarme. Se está solo en la cima.

Necesito apadrinamiento y, particularmente, lo necesitaba por allá entonces. Mi padrino estaba muy enfermo como para hablar conmigo con frecuencia y yo tampoco quería molestarlo mucho más. Comencé a buscar otro padrino y me di contra un muro —de los padrinos que había disponibles, la mayoría había estado sobrio menos tiempo que yo. Comencé a descubrir que estar en la cima no solo implica la soledad, también duele. Al día siguiente llamé a un alcohólico que había estado sobrio apenas unos cinco años y le pedí que fuera mi padrino, incluso cuando él era ahijado de uno de mis ahijados. Al igual que yo, se había recuperado de varios problemas mentales, y yo podía identificarme con él. También se lo pedí más tarde a alguien que solo tenía tres años en el programa.

Creo que con los últimos dos padrinos he estado más abierto a la enseñanza que antes. Mi nuevo padrino, habiendo finalizado él mismo el Cuarto Paso, me apoyó para que trabajara uno y siguiera las direcciones de Alcohólicos Anónimos de cerca y con cuidado. Había hecho el trabajo del Cuarto Paso antes, pero, por algún motivo, nunca había tenido voluntad para acatar las instrucciones. Me pareció, con mi larga sobriedad, que me hubiera comportado mejor con un padrino menos experimentado.

Ciertamente no aconsejo trabajar con un padrino que recién ha logrado la sobriedad; sin embargo, después de un año o más, cualquiera que tenga un buen programa debería poder apadrinar a otra persona. Tampoco me atengo plenamente a la idea de que "la persona que se haya levantado más temprano hoy ha tenido más tiempo de sobriedad" —la duración de la sobriedad me ha aportado beneficios duraderos y he sido más productivo y me he sentido más cómodo de lo que jamás haya podido soñar. Sin embargo, todavía no logro tener veteranía —siempre estoy a un trago de distancia de un borracho. Aún necesito ayuda y el apadrinamiento es una parte importante de la ayuda que necesito. Escucho a los alcohólicos jactarse de cuánto tiempo se ha mantenido sobrio su padrino. Es bueno recordar que la longitud de la sobriedad le pertenece al padrino, no a quienes se jactan.

Espero ya no necesitar un padrino prestigioso. Más que prestigio, necesito ayuda. Estoy en AA por el largo trayecto y, si he de permanecer sobrio por más y más tiempo, habrá menos y menos alcohólicos que habrán permanecido sobrios más tiempo que yo. No proyecto superar mi necesidad de obtener ayuda. Soy bueno hablando con alcohólicos que tienen problemas —he apadrinado gran cantidad de personas. Pero nunca dominé el arte de ser mi propio padrino, y dudo que alguna vez pueda. Lo que necesito de un padrino es alguien que se esté alejando del trago, que esté activamente trabajando en los Pasos y que activamente esté involucrado en el programa a diario. Con esos requisitos, es posible que pueda encontrar una mayor cantidad de gente con la cual identificarme. Si un padrino debe tener más de quince años, entonces es posible que tenga que buscar durante un tiempo. Mi padrino, el que murió, dijo que aparte de permanecer sobrio, su mayor prioridad era convertirse en un cabrón común y corriente. Tener un padrino común y corriente me ayuda a lograr ese noble objetivo.

S. C.
Harrisonburg, Virginia

Anonimato: un día a la vez en el mundo real

Julio de 1995

LA PRIMERA VEZ QUE estuve sobrio y aprendía a pronunciar la palabra "anonimato", creía que simplemente significaba que no usábamos nuestros apellidos en las reuniones de AA. A mí me parecía bien; particularmente no quería que todo el mundo supiera que era alcohólico. Dado que mi patrón de bebida incluía el consumo compulsivo y secreto mientras estaba solo, muchas de las personas con las que me juntaba no eran conscientes de mi alcoholismo. Sabían que algo no andaba bien conmigo, pero no sabían qué. Entonces, en las primeras etapas de mi sobriedad, no mencionaba que era miembro de AA.

Luego pasé por la fase evangelista. A todos les decía que era un alcohólico en recuperación, ya sea que les importara o no. Estaba un poco más que orgulloso de mi sobriedad. Cualquiera que levantara una ceja en mi dirección solo escuchaba hablar de alcoholismo y recuperación. ¡Me creía todo un experto luego de unos meses de sobriedad! Me decepcionaba darme cuenta de que a la mayoría de la gente no le interesaba mi gran descubrimiento. Me escuchaban con paciencia y, después, pasaban a otro tema de conversación.

Luego de varios años de sobriedad, finalmente encontré el equilibrio. Me sentía cómodo hablándole de mi alcoholismo a las personas que demostraban interés, pero había abandonado mi esfuerzo por educar a todo el estado de Alaska. Luego, conseguí un trabajo como operador telefónico en el departamento de policía. Durante la entrevista de trabajo, nadie me preguntó si alguna vez había consumido drogas o bebido en exceso; por lo tanto, yo no proporcioné la información de forma voluntaria. Estaba preparado para responder la pregunta de forma honesta; sin embargo, no veía razón alguna para mencionarlo si nadie preguntaba.

Había estado trabajando durante una semana cuando escuché al sargento hablar por teléfono con la estación central. Estaba comentando la posibilidad de contratar otro civil para un puesto similar al mío: "Ella se hace llamar alcohólica en recuperación. Dice que ha estado sobria cuatro años. Recorre las escuelas secundarias locales dando charlas a los chicos sobre los peligros de la bebida".

Mi corazón se agitó de emoción. ¡Quizá iban a contratar a otra persona del programa para que trabajara conmigo! Pero, luego, el sargento hizo una pausa para escuchar la respuesta de su superior. Y lanzó una carcajada.

"Es verdad", le escuché decir. "Acá no necesitamos a los de su clase".

Estaba sentado y me paralicé. Me ruboricé desde las mejillas hasta la frente. "No necesitamos a los de su clase", ¡realmente! ¡Y yo era de esa clase! Apenas podía contenerme. Con toda la fuerza de voluntad que tenía, me obligué a permanecer sentado y seguir escribiendo. Mi impulso era más que abrumador por saltar sobre el escritorio y gritarle a ese estúpido sargento: "¡Soy alcohólico! ¡Míreme! Nos recuperamos de la enfermedad. ¿No ve qué soy un ejemplo claro de serenidad y espiritualidad?"

Mientras permanecí trabajando en el departamento de policía, aprendí que la mala actitud que muchos policías tenían respecto de los alcohólicos se reforzaba por sus experiencias en el oficio. Nos encontraban cuando nuestra enfermedad estaba en su peor momento. Los policías respondían a accidentes, suicidios, homicidios, robos, episodios de violencia doméstica y peleas en bares —donde el alcohol tenía una presencia preponderante en muchas de estas situaciones. Los policías lidiaban con el caos.

Una vez que los alcohólicos descubríamos la recuperación, la policía rara vez nos veía. De repente, desaparecíamos de sus vidas, mientras que otros, aún en la locura de su enfermedad, ocupaban nuestro lugar. Los policías no tenían tiempo de preguntarse qué nos había pasado a los que desaparecíamos. Estaban muy ocupados intentando resolver el siguiente delito, el siguiente disturbio, el siguiente accidente, el siguiente lío provocado por un alcohólico activo.

La comunidad de oficiales de la ley era un grupo más con el que debía hacer reparaciones. Ellos, también, habían sufrido el impacto de mis acciones cuando anduve por ahí bien borracho. Para mí era doloroso comprobar, más allá de mi honesta ira frente a su aparente insensibilidad, que les había provocado daño. Sin embargo, esos policías lidiaban con un alcoholismo activo de forma cotidiana en sus vidas. Hacer reparaciones por la angustia que les causé a los policías, por el dolor que infligí, no se trataba solo de saltar sobre la mesa y decirles que me estaba recuperando. Debía demostrárselos.

Obtuve muchísima práctica al vivir conforme a los principios del programa mientras trabajé. Cuando los policías se enojaban, tenía que perdonarlos por reaccionar ante la locura del alcoholismo activo. Cuando regresaban a la estación después de un llamado de abuso infantil o un accidente automovilístico fatal, en ocasiones estaban tan furiosos que no podían ni hablar. Solo detrás de su ira veía el interrogante en sus miradas: "¿Por qué?" Deseaban que se detuviera la masacre. Pero al día siguiente, habría otra llamada. Solo cambiaban los rostros. Aprendí a admirar a la policía por intentar que los alcohólicos tocaran fondo al enfrentarlos a la destrucción de sus propias vidas y la de los demás.

Cuando las cosas se calmaban, cuando nadie sentía ira, yo empezaba a hablar sobre mi pasado con algunos policías. No obstante, antes de abrir la boca, hacía un inventario rápido para determinar si mis motivos para compartir la experiencia eran sólidos. Solo hablaba cuando percibía que lo que tenía para decir les resultaba útil. Si mis razones eran por una búsqueda egoísta, para justificar un pésimo desempeño, para llamar la atención hacia mi persona o evocar la lástima, entonces me quedaba callado.

Aquellos con los que compartía mi experiencia, me alentaban en mi recuperación. Uno de los oficiales verbalizó el deseo de que más personas pudieran descubrir la comunidad de Alcohólicos Anónimos.

"Transmitimos el mensaje cada vez que alguien pide ayuda", le comenté. "Pero ellos deben desear la recuperación. Cuando están enfermos y cansados de vivir de esa forma, nos buscan. Cuando piden ayuda, intentamos estar allí para ellos".

Sin embargo, cuando las llamadas de emergencia inundaban la estación de policía, no tenía tiempo de hablar del programa. Los policías esperaban que hiciera mi trabajo de forma eficiente, sin excusas. Gradualmente, me aceptaron como parte del equipo. No les importaba mi pasado, siempre que hiciera mi trabajo de la mejor forma posible y no pidiera un trato especial.

Jamás, mientras trabajé en la estación de policía, dije a los cuatro vientos que era un alcohólico en recuperación, pero tampoco lo oculté. Valoraba mi anonimato en aquella situación, no porque temía lo que los policías pudieran pensar de mí, sino porque quería romper mi anonimato solo cuando podía ser beneficioso para ellos. Hice reparaciones con los policías al llevar el mensaje mediante mis acciones que demuestran que sí nos recuperamos y pasamos a tener vidas responsables, productivas y útiles. La necesidad de saltar sobre la mesa y decirles un par de cosas desapareció. Descubrieron quién era. Y me aceptaron.

Kit K.
Sterling, Alaska

Nos toca lo que nos toca

Octubre de 2001

LAS REUNIONES LOCALES a las que voy son muy buenas con este recordatorio puntual: nos toca lo que nos toca; lo que importa es qué hacemos con eso.

De las reuniones de AA a las que fui en Iowa durante los dos años que estuve en el colegio de graduados, me traje a mi casa esta pregunta para agregarla a mi lista de preguntas diarias del Décimo Paso: ¿Todavía sigo aprendiendo?

Estas dos ideas me ayudaron a contrarrestar la permanente infelicidad que sentía por un trabajo que mis viejas actitudes me hacían creer que no era suficiente para mí. Aunque me da vergüenza contarles a mis nuevas amistades cómo me gano la vida, los hechos dicen algo diferente.

Con diez años de sobriedad, recientemente entrenado y el diploma de escritor, tenía ideas para un éxito de taquilla que me permitiría entrar en la industria editorial. Pero tenía que pagar las cuentas. Me compré un traje nuevo para ir a las entrevistas, volví a casa, me arrodillé y recé para que se cumpliera la voluntad de Dios para poder tener suerte en mi búsqueda laboral.

Diez minutos más tarde, sonó el teléfono. Desde el hospital local, donde trabajaba como conserje entre un semestre y otro del colegio de graduados, querían saber si podía cubrir el puesto de una persona que se tomaba vacaciones. Luego de una breve reunión con el supervisor, salí con un puesto permanente de treinta y dos horas semanales que me permitiría pagar las cuentas, tener seguro de salud, tiempo para ir a las reuniones y las mañanas libres para escribir. No estaba fascinado con el trabajo, pero la situación era..., bueno, increíble. Y recuerden: ellos me llamaron.

Me dije: "¡Hey! Estoy sobrio, trabajé los Pasos, tengo humildad. Puedo hacer esto durante un año, tal vez dos. Y usaré el traje nuevo si alguna vez tengo que postular a un trabajo real".

Avancemos seis años.

El traje nuevo fue a dos bodas. En la parte de abajo del armario de mi oficina hay una caja de cartón que rebalsa, en su mayoría, de manuscritos que no fueron publicados. Entre ellos mi tesis de la maestría, mi currículum laboral y copias de las publicaciones de trabajos a los que me postulé que quedaban dentro de cierto radio de distancia y de unos pocos que no reunían ese requisito.

Luego de muchos cambios de horario, varios aumentos de salario por mérito, oraciones apasionadas y temerosas y de incesantes disputas furiosas entre los miembros del comité que existía en mi imaginación, sigo trapeando pisos, yendo a reuniones, haciendo trabajo de servicio, apadrinando a otras personas y escribiendo por la mañana. Hace poco, luego de postular para trabajar a tiempo completo, me contactaron para la administración del departamento. Otra vez, ellos me lo pidieron. Es un trabajo real, respetable, desafiante, de buen pago y una contribución genuina a una organización orientada al servicio. Y lo mejor de todo, no tengo que usar traje para trabajar.

Tuve que decirles que mi corazón estaba en otro lugar. Lo que necesitaba era ir y hacer lo mío, no más responsabilidad. Pero apreciaba que me tuvieran en cuenta y es posible que cambiara de idea más adelante.

No mentí. Pero la verdad es que, trabajar en los peldaños más bajos de la escalera, ha dejado al descubierto algunas cosas de mí mismo que omití en varias partes del trabajo del Cuarto y Quinto Paso: Siempre tengo dificultad con el control y el desprendimiento emocional. La grandiosidad inmadura todavía me lleva a generar un problema emocional de cada pequeña disputa. Cierto instinto perverso de infelicidad insiste que tengo que tener la razón. No tengo buenas habilidades de manejo. Pero tampoco esa fibra emocional necesaria para manejar un trabajo demandante y continuar escribiendo —que es lo que estoy empeñado en hacer.

La parte de mi trabajo que siempre me toma por sorpresa, sin embargo, es ese impacto de placer que recibo por las pequeñas formas en que soy útil —en que sirvo— a los demás, por lo que me demuestran tan genuina gratitud. Mi mente, sobria o embriagada, aún viva y charlatana, intenta evitar esos llamados, afirmando que esa no es realmente mi tarea.

Pero la prueba decisiva real para mí es no dejar que el miedo y la repugnancia de estar en contacto directo con personas muy enfermas, decrépitas, moribundas, rompan el vínculo con mi Poder Superior. Cualquier sensación de victimización, injusticia, absurdo, fraude o ironía amarga que mi mente enferma ideó estando borracho, las circunstancias actuales me obligan a enfrentar cada día de trabajo como un defecto que aún no he podido dominar.

Al principio de mi sobriedad, había pasado por la pérdida de mi matrimonio, la empresa, mi propiedad y de dinero. Así que creía que sabía todo sobre la humildad. Pero, imagínese de rodillas, limpiando el vómito de la alfombra en la sala de espera de Emergencias. Mirar hacia arriba y ver a la persona que ama parada en la esquina, acunando a su bebé recién nacido, e intentando descifrar si ese es realmente usted. ¡Qué tal eso para su ego!

O digamos que se encuentra de casualidad con su ex, que casi logró sacarle todo lo que tenía en aquel proceso de divorcio hostil. Está saliendo de una tienda de regalos con un peluche carísimo, mientras usted está sacando dos bolsas de basura todo sudado. Uno de los dos tiene que ceder. Debería decir algo, ¿no? Pero, primero están los principios y su esposa insiste en ser civilizados. Quizá lo mejor que puede hacer es cerrar la boca. Así que sabe que todavía hay algo que debe trabajar allí.

Al igual que el desorden que hacen otras personas, esto es lo que me toca en mi trabajo. Para eso me pagan. Y me ha enseñado a ver el desastre que otros alcohólicos hacen con sus vidas como una especie de seguridad laboral.

Seguro, podría inventar una vida más cinematográfica. Es fácil. Páguenme por mi trabajo de escritor, que es lo que amo, — no más de lo que gano como conserje. Después de todo soy humilde. O háganme rico y famoso, no me importa. Solo dejen todo lo demás exactamente como está: un matrimonio lleno de amor, amigos inseparables, pertenencias modestas, buena salud. Eso es lo que le digo a Dios cuando siento resentimiento por lo que tengo.

Pero, después..., llego al final de otro día de sobriedad y me pregunto: Entonces, ¿todavía sigo aprendiendo?

Oh, sí. Por supuesto. Y de inmediato acepto que no todo tiene que ser de mi agrado. Pero voy a las reuniones y recuerdo perfectamente que, si bien es crucial, lograr la sobriedad tampoco fue algo de mi agrado.

Eso da otra perspectiva de la historia. Y le agradezco a mi Poder Superior por darme el tiempo y la determinación que se necesita para mantenerme sobrio y también para escribir la próxima novela, esa que me va a llevar a la cima. Sin embargo, Él tuvo esta otra ocurrencia genial que... Bueno, ya me entiendes.

Ernest S.
York Harbor, Maine

La raíz de nuestras dificultades

Diciembre de 1979

HACE MUCHOS AÑOS, cuando solo era un niñito lleno de curiosidad, me acerqué a mi padre y le pregunté cómo era el cielo. Sabiamente, en lugar de intentar describir algo que realmente nadie conoce, me preguntó: "Imagina que estás en la cocina y encuentras la última porción de pastel de chocolate. ¿Qué harías?"

"Bueno, me encanta el pastel de chocolate", le respondí, "así que creo que me la comería". "Pero ¿qué pasa si te enteras de que tu hermano no comió todavía?"

Me atrapó. Ahora, podía ver hacia adónde me llevaba con la pregunta, y eso no era lo que yo quería saber.

"Si estuvieras en el cielo", dijo, "hubieras dejado esa última porción para tu hermano. Así es el cielo. Es un mundo en el que todos compartimos y ponemos las necesidades de los demás antes que las nuestras".

Entonces, ahí mismo decidí que no quería saber nada con el cielo si iba a ser así. Si bien una parte de mí comprendía lo hermoso que sería semejante nivel de armonía, otra parte no podía renunciar a aquella porción de pastel. Si vuelvo atrás, puedo ver que he pasado muchísimo tiempo y he gastado una enorme cantidad de energía coordinando personas, lugares y cosas para poder comerme esa última porción de pastel. Y no fue hasta que casi me destruí con el alcohol que pude entender que el mío no era el camino hacia la felicidad después de todo.

No hace mucho, en una reunión de discusión de AA, mi padrino estaba hablando sobre el egocentrismo. Citó una frase del Libro Grande "¡Egoísmo —concentración en sí mismo! Creemos que esta es la raíz de nuestras dificultades". Mi padrino aseguró que probablemente todos habíamos subrayado esa frase en nuestro Libro Grande. Bueno, yo no sabía si lo había hecho o no. Créanme, cuando esa noche llegué a casa, me fijé y —¡qué alivio!—también la había subrayado en mi libro.

Sin embargo, cuando la subrayé, no tenía claro el significado real de dicha afirmación. Seguro, podía admitir que, en ocasiones, había sido un poco egoísta —pasando toda la noche por ahí, gastándome en alcohol, el dinero para comprar la comida— sin embargo, no fue hasta que me tocó hacer mi inventario del Cuarto Paso que me di cuenta de cuánto ese egocentrismo había contribuido al fracaso en mi vida. Aparecía en cada página de mi inventario. Había creado un universo entero que giraba en torno a mí y a lo que yo esperaba de la vida. Era mi propio Dios; por ende, realmente no tenía Dios. ¡Qué miserable era mi vida cuando veía el mundo a través de mis propios ojos! No podía acercarme a otras personas y ellas no podían alcanzarme. La maravillosa experiencia de la paz mental me eludía hasta que descubrí el programa de Alcohólicos Anónimos. El egocentrismo es el veneno de mi sistema emocional. Frustra cada uno de los esfuerzos que hago por lograr una existencia cómoda y feliz. Se dispara una reacción en cadena terrible. Me invade el miedo. La ira, el resentimiento y la autocompasión se vuelven las fuerzas que me guían. El único escape que tengo es dejar a un lado este horrible egoísmo y volverme parte del mundo que me rodea.

Alcohólicos Anónimos es la solución perfecta para nuestro egoísmo. Este programa nos da un propósito y una visión de algo mucho más grande que el propio ser. Trabajamos con otras personas a diario. Nos obligan a involucrarnos en los problemas de los principiantes. Como resultado, en comparación, nuestros propios problemas solo palidecen de forma natural. Cuando pasa un tiempo sin que vaya a alguna reunión, simplemente me sirve de ayuda hablar con alguno de mis amigos.

Las reuniones de discusión son mi cura favorita para minimizar esta imagen grandilocuente que a veces tengo de mí. Hay un poder mágico que ronda esas mesas. Puedo llegar a una reunión extremadamente tenso y, luego de diez minutos de estar allí, invariablemente comienzo a sentirme mejor. Cualquiera que sea el problema, aunque persista, mi actitud frente a ese problema ha cambiado. En ocasiones, el único lugar en el planeta que todo tiene sentido para mi es en una reunión de Alcohólicos Anónimos.

Pero es difícil dejar de lado los viejos hábitos. En ocasiones, aún me sorprendo diciendo cosas como: "¿Por qué me está pasando esto a mí?" o "¿Qué debe suceder para que finalmente yo sea feliz?". Cegado por mi egoísmo, percibo las cosas de esa manera. Pero, para ser honesto, no creo que haga falta algo para ser feliz. Es un trabajo interno, algo que elijo, o me niego a elegir, para mí. Las circunstancias externas no tienen nada que ver con eso.

Cada vez que siento que la vida no me está tratando bien, y que todo está en mi contra, entonces intento de nuevo jugar a ser Dios. Cuanto más tiempo estoy en este programa, más me convenzo de que no tengo ni idea de qué es lo mejor para mí. ¿Quién hubiera imaginado que ser alcohólico sería algo por lo que debo estar agradecido? Pero, ciertamente, lo estoy. Si no me hubiese vuelto alcohólico, jamás habría descubierto este estilo de vida que siempre he deseado con tanta desesperación. Mi rendición ante el alcoholismo era necesaria para abrir mi corazón y mi mente al amor sanador de Dios.

Cuando me uní a Alcohólicos Anónimos, me dijeron que, si caminaba a la par de ustedes, sería un hombre libre; que jamás volvería a tomar si solo seguía Doce Pasos simples. Sin embargo, también me dijeron que para conservar lo que había encontrado, debía pasárselo a otros. Tenía que trabajar con otras personas, anteponer sus necesidades a las mías. A veces siento que no lo estoy haciendo. Aún soy una persona egoísta. Pero, sé que, si quiero mantenerme sobrio y ser libre, entonces estas son las cosas que debo hacer. "Por encima de todo, nosotros los alcohólicos tenemos que librarnos de ese egoísmo. ¡Tenemos que hacerlo o nos mata!".

Sé que mi vida ya no me pertenece. Ahora, mi vida está en manos de "un nuevo Jefe". Incluso, aún me quejo de vez en cuando de las condiciones laborales y, en ocasiones, tengo problemas para llevarme bien con mis empleados; las cosas han mejorado mucho comparado con cuando yo estaba a cargo. Si bien a veces doy por sentada mi sobriedad, jamás soy desagradecido por eso.

Todavía hoy no sé mucho más acerca de cómo es el cielo, pero he aprendido lecciones valiosas acerca de la vida aquí en la tierra. Durante muchísimos años, siempre creí que lo importante era poder hacer que las personas me prestaran atención. Sentía que debía tener esa atención para determinar cuánto valía. Era lo único que me proporcionaba seguridad. Hoy sé que lo verdadero es todo lo contrario. El don real del amor es poder dárselo a los demás. Jamás me podrán arrancar la capacidad de amar, salvo que yo mismo lo haga. Cuando puedo librarme de los obstáculos lo suficiente como para amar a otro ser humano, es la mejor de las sensaciones. Supongo que dirás que es celestial; exactamente como lo describió mi papá hace muchos años.

B. S.
Dallas, Texas

Lista, dispuesta y casi capaz

Abril de 2000

EN MI SEGUNDO AÑO de sobriedad, mi madrina me sugirió que volviera a practicar karate por el sentido de humildad que podía adquirir. La idea de volver a los cuarenta años a practicar una disciplina que comencé a los veinticuatro años sonaba interesante.

Después de todo, ya había ganado el cinturón marrón cuando todavía era una alcohólica activa. En realidad, mientras fui activa, hice muchas cosas, incluso terminar mi maestría, trabajar por mi cuenta, fumar dos paquetes de cigarrillos diarios y estar en una relación sin futuro.

Mientras estudiaba karate, en tres años gané cuatro de los cinco cinturones. Durante ese tiempo, aprendí más que karate: también aprendí qué significaba pertenecer y comprendí el sentido del ser y de la confianza, al mismo tiempo que me sentía en un lugar seguro.

En la mayoría de las clases de karate, las personas se sentaban en fila a lo largo del estudio (o "dojo") en orden según el color del cinturón: los principiantes (los "cinturones blancos"), en el lado más apartado del salón y los alumnos más avanzados ("cinturones marrones" o "cinturones negros"), del otro lado. En las diferentes artes marciales, los colores de ascenso varían y, en nuestra escuela, iban en el siguiente orden: blanco, anaranjado, azul, púrpura, marrón y negro. Cuando dejé karate (a los veintisiete años), había ganado el cinturón marrón y en el dojo me sentaba con los alumnos avanzados.

Retomé las clases a los treinta y cinco años. Mi maestra de karate me recibió nuevamente con los brazos abiertos y me presentó ante todos, ya que durante muchos años había sido su alumna. No obstante, no se me permitió usar el cinturón de color ya que no había entrenado en siete años. Pero, de todos modos, mi maestra me hizo sentar con los otros cinturones marrones. Luego de unos meses, estaba lista para volver a usar mi cinturón. Mi maestra, sin embargo, no compartía la idea ya que consideraba que debía entrenar unos meses más antes de usar el cinturón. No creí que fuera justo, así que se lo dije y abandoné karate.

Afortunadamente para mí, dos años más tarde logré la sobriedad y comencé a recuperar mi vida. Lo que me hizo tocar fondo fue ser la víctima de un choque donde el conductor huyó, que ocurrió en un área abandonada de la ciudad donde vivía. Sucedió mientras yo estaba inconsciente por la borrachera. Estaba aterrada y jamás me sentí tan insegura. En mi primera reunión de AA, escuché que un muchacho que estaba al frente de la sala me dijo: "Siéntate y relájate; estás en un lugar seguro". Me sentí segura. Hay muchísimas reuniones en la ciudad de New York; he asistido a varias, pero aquella reunión en particular aún es mi grupo base, cinco años más tarde.

Durante el primer año, conocí a mi madrina. Es una mujer con muchísima gracia y humildad; eso todavía me sorprende. Con ella comencé a trabajar los Pasos. Mis Pasos Cuarto y Quinto se centraron en torno a los resentimientos de la niñez —inmaduros— que, al principio de la lista, incluía el resentimiento hacia mi maestra de karate que no me permitió avanzar tan rápido como lo merecía (según yo imaginaba). Mi madrina me recordó que incluya cosas positivas en este Cuarto Paso y al final de esta larga lista, había una crónica de dos páginas que describía cómo esa misma maestra de karate me había enseñado sobre fortaleza, confianza y sentido de identidad, en un momento de mi vida en el que tenía muy poco apoyo emocional.

Así que acá estaba, a los cuarenta y cinco años, lista para retomar las clases de karate. Mi maestra estaba contenta por tenerme de vuelta y me presentó ante sus otros alumnos, radiante —¿no era sorprendente que hubiera sido su alumna muchos años antes y no era bueno que hubiera vuelto? ¿Cuándo se suponía que fluyera esa humildad que mi madrina deseaba para mí? Diez minutos más tarde tuve la respuesta, cuando se sentaron todos los alumnos. No estaba usando mi cinturón marrón —después de todo, tenía "humildad". Cuando me dirigía hacia el lado del salón donde se sientan los alumnos avanzados, mi maestra me dijo amablemente que tenía que sentarme con los principiantes sin usar ningún cinturón. Pensé: "Esta vez es diferente. También es difícil, pero ciertamente posible que pueda sentarme acá durante unos meses hasta que me permitan usar de nuevo mi cinturón y poder estar con los alumnos avanzados".

No usé cinturón y me senté entre los cinturones blancos durante once meses. Lo que me sorprendió fue que luego de los primeros tres o cuatro meses, empecé a aceptar que, de hecho, estaba en el lugar correcto. Esta vez no estaba lista para usar mi cinturón y estaba dispuesta a esperar. Pero, aun así, estaba volviendo a aprender karate, todavía me sentía fuerte y aún sentía que la espiritualidad fluía en aquel salón. Esta vez lo diferente fue aceptar que, porque no me permitieran sentarme con los cinturones marrones, no significaba que no mereciera volver a las clases de karate. Esto no lo sabía mientras estaba activa en mi alcoholismo. Si miro hacia atrás, todo se vuelve muy evidente cuando comprendo lo rápido que quise abandonar karate la segunda vez que volví, si bien amaba aquella clase, aquella escuela y a aquella maestra.

Ese fue el don de la humildad, que logré a partir de los Doce Pasos y que me llevó nuevamente a mi escuela de karate. Los únicos dos lugares verdaderamente seguros que había encontrado en mi vida eran mi clase de karate y las reuniones de AA. Y ahora AA me devolvía karate porque, luego de un año, mi maestra de karate me dio un nuevo cinturón marrón y me dijo que me había ganado el derecho a usarlo.

Un mes después de recibir ese cinturón marrón, la escuela cerró, mi maestra se jubiló y fue detrás de sus propios intereses. Si no hubiera vuelto a la escuela cuando lo hice, quizá me hubiese perdido esa oportunidad de aprender un poco más sobre la humildad que me ofrecían (sí, y también recuperar el cinturón marrón; es progreso, no perfección).

De todas las cosas que me ocurrieron durante la sobriedad, claramente el cierre de la escuela me puso muy triste. Sintiéndome muy infeliz, pero sin poder hablarlo, finalmente en una reunión de AA exploté en llanto y conté que ya no tenía la escuela de karate, que me había brindado esa seguridad celestial y que ahora eso ya no existía. No pensé si esto era adecuado o no para AA, pero tampoco creí que eso importaba porque, de todos modos, nadie sabía de lo que realmente estaba hablando, más allá de recordarme que no tenía que beber para superarlo. Sin embargo, cuando terminó la reunión, un miembro de AA me contó sobre su propia escuela de karate. Fui a ver cómo era. Las personas de la recepción me dieron un folleto de presentación que explicaba que el aprendizaje de karate en aquella escuela no solo se centraba en los aspectos físicos de la disciplina, sino que se enfocaba en igual medida en el aspecto emocional y el espiritual. Eso me sonó bastante familiar.

Me inscribí en esa escuela y les expliqué que, si bien había aprendido un tipo de karate ligeramente distinto, después de todo era cinturón marrón. Esperaba que tuvieran eso en cuenta. Me dijeron que estaba bien y me dieron el uniforme —completo, hasta con el cinturón blanco de principiante.

Elizabeth B.
Manhattan, New York

Reflexiones sobre el Séptimo Paso*

Agosto de 1955

UNA Y OTRA VEZ, durante mis siete años de sobriedad en AA, he reconocido un defecto de carácter y le he pedido a Dios que me lo saque y Él no lo ha hecho. Pregunté cuál era la razón y, en busca de la respuesta, me han motivado a que considere el Séptimo Paso mucho más profundamente. Aquí es donde encontré la palabra crucial: "humildad". Si realmente deseaba deshacerme de un defecto, debía pedirlo modestamente —es decir, con humildad.

¿Qué es la humildad? Se convirtió en una de las palabras verdaderamente vitales en mi nuevo vocabulario de AA, pero ¿qué significaba realmente?

Durante mi primer año y pico, para mí humildad significaba ausencia de orgullo. "Necesitas que se te bajen los humos", dijo un veterano y yo estallé de resentimiento. Incluso mientras protestaba, sin embargo, tuve el pálpito de que él tenía razón y pronto se tornó en una convicción. Lograr ser humilde sería un proceso laborioso y desgastante, un asunto desagradable y sombrío para deshacerme del orgullo.

Esto significaba revertir la forma en que vivía y pensaba. Toda mi vida había creído que no tener orgullo era despreciable. La súplica más fuerte de todas respecto de mi hábito de beber (y en definitiva la menos eficaz) era: "¿Acaso no tienes orgullo?" Orgullo de mí mismo y de la familia, de la escuela, de los negocios o de las membresías profesionales, de los contactos sociales y fraternos, de los padres, los hijos y las parejas, de los prejuicios y de las localidades, de las posesiones y los atributos físicos, de la nacionalidad, del coeficiente intelectual y del credo —cosas que un mundo inflado por el orgullo me habían alentado a apreciar como los más altos valores. Después me dijeron que eran un exceso de equipaje, que debía deshacerme de ellos y "bajarme los humos".

El proceso era lento e, incluso después de todo este tiempo, recién apenas ha comenzado. A veces me agotaba y preguntaba malhumoradamente qué tenía que ver eso con mantenerse sobrio un día determinado. Pero a medida que la humilde piedra de la verdad calaba más hondo, veía cada vez con mayor claridad la relación con la sobriedad. Toda vez que tocaban uno de mis innumerables orgullos, estallaba de resentimiento. Y el resentimiento lleno de orgullo es el preludio más certero para un borracho, según lo que AA con sus siglos de sobriedad colectiva acumulada me intentaba enseñar.

El primero en dejar ir, y el más difícil de todos, fue el orgullo de ser el principal sostén, el jefe de familia, el patrón de la casa. Durante todo el tiempo que bebí, me "jacté" —literalmente— de ser un proveedor consecuente. No perdía oportunidad de expresarlo a los cuatro vientos o decirlo con bombos y platillos. Era un excelente proveedor: que todos lo supieran y me rindieran tributo.

Como siempre sucede, las circunstancias me ayudaron bastante para deshacerme de este orgullo. Todo ocurrió el mismo año: la empresa para la que había trabajado durante veinte años me dejó sin trabajo y mi esposa, con quien estuve casado quince años, me desplazó de mi puesto de jefe de familia por la vía legal. Y ahora, además, ¡estaba sobrio! Tenía una opción. Podía aferrarme a mi orgullo e iniciar una guerra furiosa para recuperar el prestigio perdido. El

Libro Grande me advirtió sobre esto: "...el descontento y la agitación mental no son para nosotros".

O podía pedir "humildemente" que me sacaran ese defecto. De esa forma, tendría que aceptar de buen modo el hecho de que mi familia y profesión se podían arreglar perfectamente bien sin mí. Yo no era algo tan importante como había creído todo este tiempo. Si ya no querían saber nada de mí, no podía seguir forzándolos como antes. Solo tenía que dejarlos seguir su camino y buscarme otra compañía —la compañía de AA.

Antes de que terminara con ese enfoque de "bajarme los humos" para lograr la humildad —o quizás debería decir antes de que dejara de ser algo preponderante, ya que tengo dudas de que alguna vez termine por completo—, la piedra de AA había limado, aunque sea un poco, un número de asperezas del diamante en bruto de mi arrogancia. Cualquier tipo de orgullo "secundario" —físico o mental, social o étnico, profesional o geográfico—, tendía a desvanecerse ante el hecho, claramente demostrado en cada reunión, de que los hombres y mujeres que carecían por completo de estos atributos, que alguna vez fueron importantes, para mí tenían algo de un valor incalculablemente mayor. Sabían cómo vivir, en sobriedad. Cuanto más humilde era mi disposición para escucharlos y aprender de ellos, más humildad ganaba (porque de no tener nada en absoluto a tener solo un poquito es, sin duda, una ganancia).

"¿Quién te piensas que eres?"

Esa pregunta rotunda tiene el poder de abofetearme y devolverme a una noción más sana de mis relaciones con el universo y otras personas, cada vez que me la planteo seriamente. Me ayuda a entender mi "lugar". ¿Quién soy? Soy una de las dos mil millones y medio de personas que actualmente intentan tener una vida en el planeta. No asumo que tengo mucho más valor para el Creador que el que tiene cualquiera de las otras personas.

No obstante, Él me ha concedido algunos favores muy especiales. Realmente no debería estar acá en absoluto. Estoy acá con un tiempo prestado, con una libertad condicional. Porque soy un alcohólico que disfruta la privación de una enfermedad mortal. Por cierto, esto no me da la libertad para empujar a la gente que me rodea o enojarme con ellas o atacarlas por no ser otra cosa que lo que son. La actitud correcta que tengo, según AA ha intentado decantar, es de un simple agradecimiento por estar vivo. Quizá, incluso debería mostrar cierta apreciación por esa circunstancia, en términos de utilidad. En los momentos en que pienso sobre esto que escribo, tengo la sensación de que ya no se me suben los humos y me siento más cómodo.

A medida que los días se transformaron en años, he llegado a ver que existe otro aspecto más maravilloso de la humildad que no se trata de la parte negativa de deshacerse del orgullo. Es un error considerar la búsqueda de la humildad solo como la destrucción de una coraza llena de orgullo. Cuando nace un polluelo, el suceso principal es la llegada de una vida nueva a la tierra. Ante la emoción de este hecho, la rotura del cascarón prácticamente queda en el olvido. Creo que nuestros esfuerzos por aprender a pedir con humildad, es decir, alcanzar la humildad, debe ser algo parecido. Ciertamente, debe haber habido un momento en la eclosión en el que, desde el punto de vista del polluelo, la vida no parecía ser otra cosa más que un incesante picoteo a un cascarón casi impenetrable. Pero, finalmente se quiebra y es libre.

¿Acaso no nos pasa un poco lo mismo? En estos años, he sentido inequívocamente dentro de mí la agitación de una vida nueva, más sutil y completamente diferente. Se han presentado oportunidades de acción dentro de este universo..., posibilidades que ni siquiera había imaginado antes. ¿Acaso nosotros, también, no conocemos una nueva libertad una vez que rompemos el cascarón del miedo, de las ideas fijas, del prejuicio y del orgullo?

El Séptimo Paso siempre será para mí el paso de la humildad. Pero la humildad tiene un significado un poco diferente en mi caso, como miembro más antiguo, que el que tenía cuando era apenas un principiante. Ahora, no todo se trata de romper cascarones; una vida nueva comienza.

En el trabajo real del Séptimo Paso, hasta el más ferviente prospecto obtiene una recompensa inesperada. Cuando realmente pedimos "con humildad", como sugiere el Séptimo Paso, nuestro defecto de carácter más importante, el orgullo, ya está en vías de desaparecer.

J. E.

Bronxville, New York

**Originariamente, este artículo se incluyó sin título como parte de una serie que se llamaba "Twelve Steps and the Older Member" (Los Doce Pasos y un antiguo miembro).*

Funciona en el trabajo

Junio de 2000

UNA MAÑANA FRUSTRANTE en el trabajo me llevó a una reunión de AA al mediodía en la que me pidieron compartir. Descargué mi frustración de trabajar con personas a las que solo les importaba ellas mismas. Intencionalmente (según yo creí), un compañero de trabajo me había dado mal las indicaciones para llegar al lugar donde se llevaría a cabo una reunión de negocios en la que yo, como aprendiz, iba a observar cómo se desempeñaba. Esa, pensé, era mi gran oportunidad y parecía que él intentaba hacerme a un lado. Cuatro años de facultad y sobriedad habían resultado en una carrera de grado inconclusa y el cargo de administrativa. Independientemente de cuánto me esforzaba, nada parecía marcar la diferencia tanto en mis ingresos como en mi cargo. Era ambiciosa y trabajadora, pero carecía de una dirección. En repetidas ocasiones le pregunté a mi padrino cuándo sabría qué dirección debía tomar en el trabajo. Su respuesta siempre era: "Solo ve y sé útil".

Luego de terminar con mis quejas, fue el turno de Joe D. Me miró y dijo: "Debbie, nadie siente mayor felicidad que yo de que hayas trabajado los Pasos. Ahora, ¿por qué no intentas trabajar en las Tradiciones? Comienza por la Primera".

Me explicaron que para anteponer nuestro bien común, debía ponerme en segundo plano. La Primera Tradición significaba "hacernos a un lado y trabajar por un bien mayor". Esto no era lo que esperaba escuchar, pero se me habían acabado las ideas y estaba dispuesta a intentar algo diferente.

No me llevó mucho tiempo darme cuenta de que para tener en cuenta el bien común de mi grupo laboral debía estar dispuesta a deshacerme de mis resentimientos hacia ellos, en particular hacia mi compañero de trabajo. Debía buscar mi parte de responsabilidad en la situación porque, a estas alturas, sabía que la gente por lo general no me evita si no es por un buen motivo. Recordé que un par de veces en una reunión donde mi compañero de trabajo tenía el rol de líder, había hecho algunos de mis típicos comentarios sarcásticos, pero divertidos sobre él. El grupo se rio, pero recuerdo la mirada en sus ojos. ¡No me extrañaba que me estuviera evitando! Él no podía controlar lo que salía de mi boca.

Tenía que barrer mi lado de la calle ante él y lo hice diciéndole que era consciente de lo que había hecho y lo lamentaba, y que en el futuro haría todo lo posible para apoyarlo en lugar de incomodarlo. Le pregunté si había algo en lo que podía serle útil. No mostró interés ante mi oferta.

Unas semanas más tarde, vi la posibilidad de serle útil y le pregunté si quería que le ayudara con el diseño de una presentación para el curso de capacitación que estaba preparando. Era un proyecto importante en el que él había invertido una enorme cantidad de tiempo y esfuerzo. Aceptó mi oferta. Esta vez, yo tenía un motivo diferente al anterior: diseñar para satisfacer las necesidades del presentador y la audiencia, en lugar de mi propio deseo de que me pagaran más o recibir elogios. A medida que el diseño comenzaba a tener forma, también lo tenían mis actitudes hacia mi trabajo. Comencé a experimentar la verdadera satisfacción de ser una trabajadora entre trabajadores.

Descubrí que tenía la oportunidad de ayudar con algo que fomentaba la confianza en los presentadores, en lugar de pánico. Incluso encontré oportunidades de ponerle un poco de humor a la presentación, no del malvado que hiere, sino del tipo ingenioso que ayuda a que las personas se sientan bien.

La semana anterior al Gran Evento, mi compañero de trabajo me pidió que lo acompañara porque, según sus palabras: "Me voy a sentir más seguro si sé que estás ahí para ayudarme si algo sale mal con mi presentación". ¡Imagínense!

Al mismo tiempo que trabajaba la Primera Tradición lo mejor que podía, notaba una sensación de bienestar en el trabajo y un interés creciente en los demás. Jamás antes se me hubiera ocurrido que los resultados de trabajar las Tradiciones serían similares a los de trabajar los Pasos.

Y el efecto que provoca la Primera Tradición continúa sorprendiéndome. Unos meses después del Gran Evento, la esposa de mi compañero de trabajo ingresó a la comunidad de AA por primera vez. La combinación de alivio, gratitud y asombro por el poder del programa de AA me inundó cuando me di cuenta de que mi comportamiento fuera de AA podía impactar, ya sea de manera positiva como negativa, a un principiante que ni siquiera había llegado a nuestra puerta. ¿Qué hubieran pensado de este programa si yo no hubiese barrido mi lado de la calle y trabajado la Primera Tradición? Gracias a Dios jamás lo sabremos porque a la esposa de mi compañero de trabajo le gustó lo que vio, deseaba lo que teníamos y acaba de celebrar dos años de sobriedad. Es un privilegio para mí ser su madrina.

¿Qué había de mi carrera profesional y el cargo que tan ansiosamente deseaba alcanzar? No me sorprende que mi actual trabajo sea identificar áreas de necesidad dentro de las organizaciones y luego diseñar sistemas de información que satisfagan dichas necesidades. En cuanto al nombre del cargo laboral, quizá cambie cuando reciba mi diploma en algún momento del mes de junio de 2001. ¡Imagínense!

Debra M.
Richland, Washington

Un programa simple

Julio de 1980

ALREDEDOR DE LAS MESAS, lentamente y con amor, mis maestros de AA han obrado maravillas conmigo y para mí. Hace mucho tiempo, me recuperé de la depresión gracias a AA.

Ahora, ¡ese sí que es un maravilloso defecto de carácter que vale la pena perder! Mientras los días transcurren alegremente, con o sin problemas, el programa de AA continúa siendo fresco y delicioso.

Al inicio del programa, descubrí que la "deflación del ego en profundidad" era una meta para la cual debía luchar, quizá lo que dure mi vida. Dondequiera que buscaba en los Pasos, me enfrentaba con mi orgullo. Tenía que batallar —y seguir batallando— para dejar de ser el centro del universo. No he dejado que esta lucha interfiera con la belleza de vivir en sobriedad. En cambio, me mantiene firmemente atenta a la importancia de asistir de forma periódica y frecuente a las reuniones.

Ha habido cierta mejoría en el departamento encargado de la deflación, según me di cuenta el otro día. Ya no tengo que contar las estrellas por la noche para asegurarme de que están todas ahí y en su lugar. Y lo mismo pasa con la supervisión de las mareas, los amaneceres y el fluir de los ríos a cada lado de la línea divisoria continental, junto con muchas otras tareas de las cuales he sido relevada.

Al no tener que preocuparme más por estos detalles, ahora tengo la libertad de trabajar en cosas más personales como la mentira, la procrastinación, la indecisión, la codicia, el remordimiento, la culpa y demás. Como resultado, la calidad de vida continúa mejorando. Termino cada día sabiendo que —incluso si ya no tengo mucho tiempo disponible debido a las reuniones, las llamadas del Duodécimo Paso, la familia, las obligaciones, etc.— de algún modo, se están haciendo cargo del universo. ¡Qué alivio se puede obtener de este simple programa!

Anónimo

SECCIÓN CUATRO

Un programa de acción

"Es fácil descuidarnos en el programa espiritual de acción y dormirnos en nuestros laureles. Si lo hacemos, estamos buscando dificultades porque el alcohol es un enemigo sutil. No estamos curados del alcoholismo. Lo que en realidad tenemos es una suspensión diaria de nuestra sentencia, que depende del mantenimiento de nuestra condición espiritual".

—Alcohólicos Anónimos, pág. 85

Decir que AA es un programa de acción quizá sea otra forma de decir que es un programa de soluciones. Por supuesto que tenemos problemas —todos los seres humanos los tienen— pero nos han dado un juego de herramientas prácticas para ayudarnos a mantenernos sobrios frente a todo tipo de desafíos. Tomamos acciones yendo a las reuniones y prestando servicio, al poner los Pasos a trabajar en nuestras vidas, al acercarnos a otros miembros de AA, al sanar las relaciones con familiares y amigos y al conectarnos con un Poder Superior, como nosotros lo concebimos. En esos días, comenzamos a buscar soluciones en lugar de centrarnos en problemas y descubrimos que podemos vivir de forma pacífica, feliz y con un buen propósito para el mundo.

Un banco a la vez

Septiembre de 1991

CUANDO LLEGUÉ A los Pasos Octavo y Noveno, descubrí que tenía que hacer reparaciones inusuales. Necesitaba hacer reparaciones con una ciudad completa en la que crecí, por varios actos de delincuencia juvenil. No había forma de encontrar un solo bombero, policía o ciudadano con el que no haya estado involucrado o al que no haya dañado veinte años antes. Pero, de algún modo, aún quería hacer reparaciones.

Primero intenté escribiendo una carta al periódico local, describiendo mis transgresiones del pasado y declarando que quería disculparme con la ciudad. El editor se negó a publicar mi carta, diciendo que semejante carta podría, en realidad, fomentar el mal comportamiento en otros jóvenes.

Así que lo dejé todo al cuidado de mi Poder Superior y continué ocupándome del asunto de vivir en sobriedad.

Un día, después de un año de estar en el programa, me senté en el banco de un parque a descansar. Se me ocurrió que alguien tenía que pintar el banco, renovarlo. Pensé en hacerlo yo mismo, pero me di cuenta de que necesitaría una gran cantidad de herramientas, además de la pintura, para hacer un buen trabajo. Era demasiado para que yo me ocupara. Así que lo dejé al cuidado de mi Poder Superior.

Había transcurrido otro año cuando me senté en otro banco, de otro parque, y pensé: "¡Alguien tiene que pintar este banco!" Me di cuenta de que durante el año anterior había adquirido la mayoría de las herramientas que necesitaría. Todo lo que tenía que comprar era un poco de pintura y algunas brochas.

Compré los suministros necesarios, junté mis herramientas, las puse en una bolsa grande de hacer compras y comencé a pintar bancos de parques. Me ocupé de uno por día, pintando un banco a la vez.

En un plazo de tres años, pinté aproximadamente treinta bancos en tres parques. Algunos de los bancos tenían un uso intenso y a esos les di dos manos de pintura. Usé una escofina para suavizar los bordes ásperos y una lija para preparar la superficie de las tablas lisas y erosionadas por el clima, para que se adhiriera la pintura. Le pasaba una capa de base y otro día la capa de acabado. En total tomaba casi cuatro horas pintar un banco.

Quiero decir que disfrutaba el trabajo. Para mí no era un trabajo pesado. Era al aire libre, en los parques, con sol, con brisa, escuchando a los pájaros, viendo las ardillas y, en ocasiones, interactuando con las personas en el parque.

Jamás le conté a nadie, fuera de AA, que hacía eso para hacer reparaciones. Solo decía que necesitaba hacerlo y que lo disfrutaba. Algunos me preguntaban si esto era un servicio comunitario por orden judicial obligatorio y yo les respondía: "No, solo es trabajo voluntario".

Luego de unos tres años, llegó el día en que se me ocurrió que era suficiente. Había hecho mis reparaciones con el pueblo. No tenía que hacerlo más.

Han pasado varios años. Aún uso esos parques para sentarme y descansar. Ocasionalmente, veo un banco que necesita pintura y recuerdo el trabajo que hice. Pero ya no lo hago más. Ahora lo hace el pueblo.

Si no puedes darte cuenta de cómo hacer reparaciones, déjalo al cuidado de tu Poder Superior. Con el tiempo habrá una respuesta, habrá un modo.

Jack A.
Montclair, New Jersey

Desertor

Septiembre de 1977

ERA VERANO, y yo estaba tirado en un sillón en mi patio. A no más de un patio de escuela de distancia, los miembros de mi grupo base entraban animadamente a la sala de reuniones de AA.

Me dio una punzada de culpa, mientras intentaba evitar, por enésima vez, ser testigo de esta escena feliz de la cual yo debía ser parte. Una añoranza momentánea de unirme a mis compañeros de AA lo afirmó, sin embargo, pronto fue desestimada.

Quince años antes, tuve el privilegio de ser miembro fundador de ese grupo, el mejor de todos los grupos. (¿Acaso no es el propio grupo base el mejor de todos?) Ahora, aquí estaba, jugando a la ruleta rusa con mi sobriedad. No había sido miembro activo de mi grupo por más de tres años y casi había dejado de ir por completo a las reuniones.

Me volví desagradecido, complaciente e irresponsable. ¡Qué rápido puede pasar! "¿Tengo que continuar yendo a todas esas reuniones después de tantos años de sobriedad?", me preguntaba. Presumido por mi antigüedad, pensé que había llegado a un punto de hartazgo sobre aprender cómo estar sobrio. Se puede pasar velozmente de dos reuniones a una y luego a ninguna cuando nuestro pensamiento se distorsiona por la falta de gratitud.

Me convertí en un desertor de AA, señalando con optimismo a quienes permanecían sobrios por su cuenta. Sin embargo, como sabemos muy bien, los "yo puedo solo" jamás han ingresado al maravilloso mundo de AA, en consecuencia, no tendrán síndrome de abstinencia, como me pasó a mí.

Mucho de mi tiempo ahora lo dedicaba a otras actividades. Estas eran valiosas en sí mismas, pero me estaban divorciando de mis actividades de AA, que se resumían en asistir a conferencias, desayunos y retiros; sin embargo, no a las reuniones habituales. Pronto, hubo un resurgimiento del ego, un sentimiento de que ya no necesitaba a AA. Siempre estaría agradecido —claro que sí— pero lo haría por cuenta propia.

Comenzaron a aparecer los defectos de carácter. Algunas de mis acciones se tornaron terriblemente avergonzantes. Cuando haces un hueco en la pared con el puño, estando sobrio, ¿cómo se explica eso? Conciencia culposa, ¿quizá? Y cuando cubres el daño con la Oración de la Serenidad de alguna contraportada del Grapevine, tienes que volver a hacer de nuevo todo el trabajo del Segundo Paso.

No es necesario decir que me encontraba en una situación delicada. Consciente de eso, me precipité a participar en eventos especiales de AA (si bien aún no formaba parte de ninguna actividad de una reunión habitual). Tenía miedo de tirar demasiado del cordón umbilical que representa la seguridad de AA. Los eventos especiales de AA definitivamente tienen un lugar. Son la respuesta para el alcohólico que acaba de lograr la sobriedad y pregunta: "¿Qué voy a hacer con todo ese tiempo a mi disposición?" Pero la reunión es realmente el lugar, y tu grupo base es el centro de toda tu acción en AA.

En quince años de sobriedad, haces muchos amigos y conocidos en AA y, esporádicamente, renuevas aquellas amistades mientras asistes a los eventos especiales. La calidez de las viejas amistades se había enfriado un poco. Los miembros de AA, los mejores y más dedicados compañeros que haya conocido, eran educados y simpáticos. Aun así, creía que detectaba un distanciamiento no intencional, estoy seguro, pero perceptible. Había entrado sigilosamente en nuestra relación al mismo tiempo que me deleitaba en mi ausencia de las reuniones habituales.

Seguramente, mi programa abreviado en AA fue resultado de una crisis. me encontré con un amigo que me entregó una invitación prácticamente diseñada para que yo regresara a las reuniones. De cierto modo, me sentí intimidado; él era exjugador profesional de fútbol americano, un tipo de 1,95 metros y 102 kilos. Le agradecí la invitación, puse una excusa para evitar la confrontación y le prometí que lo pensaría (mucho).

Esa noche, luego de una larga deliberación, finalmente me encaminé hacia la reunión. Tomar la decisión fue como abrirme paso por un muro. Parece que los alcohólicos siempre están abriéndose paso a través de algún tipo de muro.

Al llegar a la sala de reuniones, afuera, dudé. Mis emociones eran similares a las que experimenté aquella noche cuando llegué a AA. Pasó bastante tiempo antes de que pudiera sentirme parte de aquella reunión y transcurrieron varias semanas antes de poder tener suficiente valor para vencer los obstáculos y asistir a mi grupo base nuevamente.

Mis bloqueos mentales eran injustificados. Los miembros del grupo donde mi padrino por invitación prestaba servicio como secretario, así como los de mi grupo base, en su mayoría me recibieron de forma amable. Así que me embarqué en otra búsqueda de sobriedad continua (qué agradecido estoy de no haberla interrumpido), con la firme decisión de nunca volver a tomarme una licencia de AA.

Han pasado más de tres años desde mi regreso a la actividad de AA y jamás me había sentido tan feliz en Alcohólicos Anónimos. Estoy firmemente convencido que nuestra felicidad en este programa es incalculable ya sea con nuestra actividad o falta de ella. Participo en al menos tres reuniones semanales. Fue un privilegio para mí apadrinar a un hombre poco después de regresar a la actividad. Estoy seguro de que, si no hubiera vuelto a trabajar el programa como se debe, lo hubiese tenido que rechazar. Juntos, mi Poder Superior y yo, hemos ayudado a Clay a retomar una carrera activa de sobriedad ininterrumpida. Ha hecho un buen trabajo, no solo con su propio programa, sino ayudando a otros, y esa es la regla del juego.

Me han ocurrido muchísimas cosas maravillosas desde mi rejuvenecimiento en AA. Se me ha dado el privilegio de ser secretario de un grupo nuevo, con frecuencia el coordinador de grupo y de coapadrinar en algunas otras oportunidades. Nuestra mayor ganancia es el apadrinamiento, creo. Ver a mi familia rehabilitada, a mis hijos sonriendo nuevamente, hace que todo el esfuerzo valga la pena.

Aún continúo con mi actividad extra en AA, que es asistir a los eventos especiales, pero ahora los reconozco como lo que son —como una guarnición y no el plato principal.

Si hubo un síntoma importante que me llevó a la falta de actividad y casi tragedia, ese fue la ingratitud. Me olvidé de ser agradecido por la maravilla de la sobriedad, olvidándome también de que una de las mejores formas de expresar esa gratitud era transmitir el mensaje del programa. Aparecer por AA regularmente nos garantiza una oportunidad de llevar a cabo nuestra misión de ayudar a los alcohólicos que sufren.

E. B.
Newbury, Ohio

Piensa en pequeño

Marzo de 1979

CREO QUE ACABO de aprender algo sobre la humildad. esta palabra desconcertante que me ha molestado siempre desde que llegué a AA hace solo un año. Un veterano dijo en una reunión que para él humildad significaba verdad, y acabo de descubrir algunas verdades acerca de mí que son humildes y, aun así, me dan un gran sentido de libertad.

Las últimas semanas, mis pensamientos han sido bastante negativos. He estado intentando cumplir mis propios estándares imposibles, y he estado sintiendo pena de mí misma por no poder cumplirlos. Pero, en ocasiones, parece necesario pensar en negativo para poder ser positiva.

Soy consciente, por ejemplo, de que no soy y jamás he sido una cocinera gourmet; pero, con la ayuda de mi Poder Superior, a quien elijo llamar Dios, y con la saludable asistencia de Betty Crocker, me alimento y alimento a mi familia. No puedo limpiar la casa en un día, pero puedo acomodar la cocina y tender las camas.

No puedo ser una consejera sabia y tierna para mis tres hijos adolescentes y uno casi adolescente; sin embargo, debo señalar que, si no hacen su tarea, no van a aprobar las clases; entonces, les puedo hacer saber que, aprueben o no, aún los voy a amar. No siempre puedo ser la esposa amorosa y compañera alegre de mi esposo, pero puedo decirle cuánto más significado tiene mi vida desde que él está en ella.

No puedo darle a nadie el obsequio precioso de la sobriedad, pero puedo escuchar los problemas de una principiante y contarle a ella lo que a mí me funciona. No puedo dar clases de religión, pero puedo compartir mis experiencias espirituales cuando parece adecuado hacerlo.

No puedo hacer grandes cosas, pero puedo terminar aquellas que comienzo.

No puedo escribir un libro sobre la recuperación del alcoholismo, pero puedo contarle a otros AA acerca de una nueva perspectiva que ha hecho mi vida más manejable llevándome a dejar atrás esas viejas ideas. Y, gracias a Dios, esas cosas que hoy en día puedo hacer son suficientes.

A. B.
Lombard, Illinois

¿Qué obtendré de esto?

Diciembre de 2003

CUANDO LOGRÉ POR primera vez la sobriedad, quise mantener a AA y todo lo que tenía que ver con eso en un rinconcito muy ordenado de mi vida. Creía que las reuniones solo eran para mantenerme sobria. Nunca pensé que llegaría hasta el Duodécimo Paso, donde estaría "poniendo en práctica estos principios en todos mis asuntos". Sin embargo, no fue mucho antes de que eso que experimenté en la comunidad comenzara a penetrar en otras áreas de mi vida. Al principio estos eran encuentros perturbadores, pero gradualmente vi que había mucho más que aprender y aplicar.

A unos pocos meses de estar sobria, comencé a sentirme muy sola y desconectada cuando asistía a mi comunidad religiosa los domingos. Nada había cambiado en la iglesia, pero yo estaba cambiando en mi interior. Comparé la exaltación de espíritu y el aura de emoción que me provocaba una reunión de AA con la monotonía que percibía en la iglesia. (Hoy en día, posiblemente diría que esa monotonía era pacífica, pero no tenía tolerancia para la paz en las primeras etapas de mi sobriedad). Comparé mi perspectiva de nuestra congregación luego de marcharnos del servicio con la forma en que terminaban las reuniones de AA: en la iglesia, nos dábamos vuelta y salíamos de los bancos casi sin hablar, mientras que en AA nos agarrábamos de las manos, orábamos y hablábamos entre nosotros durante largo rato antes de irnos de la sala de reuniones. Cada vez que iba a la iglesia era como sentirme más sola.

Un domingo en particular, me marché del servicio triste y llena de autocompasión, sintiéndome desconectada de mis compañeros feligreses. Con toda la "sabiduría" recientemente descubierta de mi nueva sobriedad, me subí a mi pedestal imaginario y lancé varias horas de reflexión alcohólica y obsesiva. Ya saben de qué tipo —esa idea que tu mente agarra y mastica desde todos los ángulos hasta que se vuelve irreconocible. Aquella noche, me había convencido de que no valía la pena ir a la iglesia y juré que nunca más volvería. Afortunadamente, tenía un esposo que esperaba que asistiera con él todas las semanas, así que el domingo siguiente nuevamente estaba en la iglesia. Mientras tanto, me sentía, y hacía sentir a mi familia, muy miserable.

De regreso en AA, me sentía bendecida por una buena dosis de un temor saludable a una recaída y estaba haciendo todo lo que mi madrina me decía. Empecé a ser quien preparaba el café en mi grupo base y, en ocasiones, recibía, le daba un apretón de manos y daba la bienvenida a las personas que llegaban. Horneaba tortas y galletas para compartir con mis amigos de AA. Cuanto más servicio brindaba, más personas conocía. Cuantas más personas conocía, más conversaba en las reuniones. Cada vez más sentía que pertenecía a AA.

Mientras tanto, de regreso en la iglesia, decidí poner en práctica el mismo principio: si funcionaba en AA, ¿por qué no funcionaría en la iglesia? Me volví más activa, prestando servicio voluntario como instructora de educación religiosa. Disfrutaba eso, por lo tanto, me expandí hacia el Ministerio Juvenil y me uní a otros comités. Cuanto más servicio brindaba, con más personas me reunía. Y, cuantas más personas conocía, más conversaciones tenía en la iglesia. Cada vez más sentía que pertenecía a mi congregación.

¿Podía ser porque estaba trabajando el Duodécimo Paso, "poniendo en práctica estos principios en todos mis asuntos?" Lo más maravilloso de todo es lo feliz, alegre y libre que me sentía al asistir a la celebración del domingo en mi iglesia. La negatividad y los pensamientos críticos hacia las personas que me rodeaban habían desaparecido. Ya no pasaba las tardes de los domingos quejándome por no sentirme espiritualmente alimentada luego del servicio religioso matutino. ¡Y de repente todas las personas eran mucho más amistosas! ¿O acaso era yo? Parecía que estaba cosechando lo que había sembrado en cada situación en la que ingresé.

Luego, cerca del cuarto año de sobriedad, busqué una asesora espiritual para que me ayudara con mi vida de oración porque quería trabajar el Undécimo Paso. Si bien ella no era miembro de AA, era amiga de la comunidad y confiaba en ella por completo. Luego de una de nuestras reuniones, cuando debatíamos una experiencia de oración grupal a la que habíamos asistido, le comenté: "No saqué nada de esta reunión". Ella se alteró mucho y dijo que estaba harta de las personas que decían eso. "No es lo que obtienes, es lo que aportas", dijo enfáticamente. (He aquí una persona fuera de AA que verdaderamente comprendía la importancia de la deflación del ego en profundidad). ¡Estaba conmocionada! Esperaba cierto enriquecimiento espiritual gentil y sentía que me acababan de abofetear. Supongo que necesitaba esa bofetada para despertarme y que me ayudara a recordar que mi experiencia de veneración en mi comunidad de fe había cambiado cuando comencé a aportarle algo y cómo mi conexión con AA había evolucionado cuando le aporté más. Aquí encontré una oportunidad de llevar mi sobriedad a otro nivel.

En aquel momento, empezaba a sentir que las reuniones eran una carga: parecía que las mismas personas contaban las mismas historias una y otra vez. Creyendo que estaba a salvo sobria, cuestioné la importancia de asignarle un período valioso de tiempo cada semana a las reuniones. En cambio, podría estar viviendo mi nueva y maravillosa vida sobria por ahí. Ahora veo que podría haber ido directo de cabeza a una recaída. De repente, pensé cuánto le debía a la comunidad de AA. Siempre estuvo ahí cuando la necesité. Quizá, en los días en que sentí que era complaciente acerca de ir a una reunión porque pensaba que tenía espiritualidad, se suponía que tenía que ayudar a otro alcohólico que sufría estando a disposición en una reunión. Podía ser que mi asesora espiritual tuviera razón: era más importante que aportara algo a AA en lugar de simplemente tomar algo de AA.

Ese fue un punto crucial en mi sobriedad. En lugar de ir siempre a las reuniones para sentirme bien, había cada vez más y más momentos en que iba a una reunión para hacer el bien. Justo en aquel momento, una mujer que había logrado la sobriedad recientemente me pidió que fuera su madrina. ¡Me preguntaba por qué nadie me lo había pedido aún! He tenido el privilegio de ver su evolución en los últimos seis años. Incluso me convirtió en madrina abuela. ¡Qué satisfacción! Además de ser su madrina y de varias mujeres más, pude compartir mi experiencia, fortaleza y esperanza con cientos, quizá miles, de alcohólicos en recuperación dentro y fuera de las reuniones. Este maravilloso tejido de AA que se expande en cada área de mi vida está muy alejado de la forma en que comenzó mi sobriedad. También sé que me acerca a alinear mi voluntad a la de mi Poder Superior. Gracias a AA, vivo una vida más saludable, integrada, al "poner en práctica estos principios en todos mis asuntos".

Anne S.
Albany, New York

Reparamos directamente

Junio de 1990

"NO. ¡JAMÁS! ESTOY DISPUESTA a hacer reparaciones con todas las personas de mi lista, pero no con ella. No con Janice. No después de las cosas terribles que me dijo. ¡Me llamó cazafortunas! ¡Intentó poner a su padre, hermanas y hermano en mi contra! ¡En lo que a mí respecta, ella me debe una enmienda!"

Mientras terminaba mi arrebato hostil, mi madrina sonrió dulcemente con esa mirada exasperante de sabelotoda. "Es posible que no estés lista para hacer reparaciones ahora", dijo. "Pero llegará el momento en que quieras hacer reparaciones con Janice. Cuando estés espiritualmente lista, tu Poder Superior encontrará el momento y el lugar correctos. Harás tus reparaciones y te sentirás maravillosa. Te lo prometo, pasará".

No le creí. No podía imaginar cómo alguna vez haría reparaciones con una persona que me había insultado y ofendido. Janice vivía a mil millas y eso era lo más cerca que la quería tener.

Con treinta años, Janice era la hija mayor de mi esposo. Había sufrido muchísimo cuando su madre falleció repentinamente de una hemorragia cerebral. Su dolor fue tan intenso que le hizo prometer a su padre que no se volvería a casar jamás y que mantendría el hogar familiar exactamente como su madre lo había dejado. Era la hermana dedicada (aunque mandona) de sus hermanos más pequeños. Talentosa, educada y hermosa, era madre de un hijo adoptado y miembro devoto de su iglesia.

Me contaron que tenía muchas cualidades excelentes, pero no me importaba. Ella no me quería y yo no la quería a ella. Ella tomó el matrimonio de su padre como una violación de la promesa y juró que no lo perdonaría jamás, ni a mí. Cuando intenté conquistarla, me maldijo con enfado por aislarla de su familia. No escuchaba mis disculpas de ebria y mi furia bélica. No comprendía que, como recién casada, yo necesitaba tiempo (y mucho alcohol) para adaptarme a mi nueva situación. ¡Era su culpa! Luego, en algún momento durante los últimos siete años de mi alcoholismo, dejó de llamarme por teléfono. Toda comunicación entre Janice y su familia cesó.

Pero mi madrina tenía razón. Llegaría el momento en que apenas podría esperar para hacer reparaciones. Hacer esas reparaciones demostrarían el poder del Noveno Paso para curar viejas heridas y unirte a los seres queridos.

Hacia el año 1986, nadie había visto a o hablado con Janice durante al menos siete años. Había dejado de llamar por teléfono a su padre o a la hermana y hermano que aún vivían con nosotros. Jamás intentó comunicarse con su otra hermana, que estaba casada y vivía en otro estado. En cambio, se aferraba firmemente a sus rencores.

Era una familia de rencorosos. Su abuelo había fallecido sin hablarle al hermano durante treinta años. Su abuela se había negado a hablar con la exesposa de su hijo durante veinte años. Si cometías una ofensa, no te perdonaban jamás. Se evocaban viejos deslices y te los restregaban por el rostro. Nadie en la familia sabía decir "Lo siento". Nadie admitía jamás que tal o cual podía estar equivocado o equivocada.

A esta familia llegué como alcohólica practicante cayendo en picada al final. A los problemas les agregué mis resentimientos en llamas. Tapaba mis excesos culpando a la familia. Bebía la infusión amarga para el alcohólico que es la ira, el resentimiento y la desesperación desconcertante. Al final, me aislé de mi familia ensamblada por completo.

Esa familia ensamblada en principio fue el objetivo de mi Octavo Paso. Tenía dos años de sobriedad cuando escribí mi lista e hice esas primeras y difíciles reparaciones directas. Con la humildad y dignidad recientemente descubiertas, reconocí mi parte en esas escenas de ira y en una atmósfera hogareña hostil. Admití mis errores, lo mejor que pude recordarlos. Dije esas palabras poco familiares, como "Lo siento" y pedí perdón. Le dije a cada persona lo que estaba haciendo para cambiar mi vida y prometí que haría mi mejor intento de no volver a ofender. Jamás mencioné el comportamiento de la otra persona; me mantuve en mi lado de la calle.

Mi esposo y mis hijastros estaban asombrados. Nadie les había hablado antes de esa forma. Nadie había admitido antes su propia debilidad o falla. El patrón de culpas, excusas y resentimientos no había dejado espacio para el error humano o la compasión. Milagrosamente, todos aceptaron mis enmiendas con gracia y buena voluntad. Pero, el milagro real fue que comenzaron a darse cuenta de que podían hacer lo mismo con aquellos a los que ellos habían ofendido. Hacer mis reparaciones sirvió de ejemplo para las relaciones humanas, lo que sería invaluable en los años trágicos que vendrían.

A medida que veía y sentía el poder sanador del Noveno Paso, comencé a sentir verdadera paz mental. Comencé a sentirme bien con el mundo y bien conmigo misma. A medida que tachaba los nombres en mi lista del Octavo Paso y hacía reparaciones con cada persona, me sentía más fuerte, más segura, más en armonía conmigo misma y con los demás.

Pero, en ocasiones, algo dentro de mí seguía diciéndome que tenía más trabajo que hacer. Miré de nuevo mi lista y me di cuenta de que el nombre de Janice ni siquiera estaba ahí. La había borrado totalmente de mi mente —y de mi recuperación.

A medida que revisaba mi comportamiento alcohólico, mis motivos eran más claros. Había interferido entre Janice y su padre. Había contribuido sin reservas a las discusiones familiares. Había aislado deliberadamente a Janice —para mantenerla alejada y que no se entrometiera en mi vida y para proteger mi derecho a beber cuanto quisiera. Ella había reaccionado con una ira dolorosa, lo que me permitió justificar mis propias acciones egoístas. Ver mis propios motivos tan claramente me ayudó a comprender la angustia emocional y psicológica que mi enfermedad había generado.

Ahora, lo que más deseaba era suprimir mi culpa. Había alcanzado el punto del que mi madrina hablaba: el punto de preparación espiritual para trabajar el Noveno Paso en su totalidad. Ahora, esas mil millas parecían una distancia inalcanzable. Le pedí a mi Poder Superior que me dejara encontrar la forma de hacer reparaciones directas.

Aquel verano, mi esposo y yo fuimos de vacaciones al Lago Havasu, en Arizona. Las altísimas temperaturas desérticas se tornaron muy calurosas para poder soportarlas. Mientras buscábamos en el mapa un lugar más fresco, nos dimos cuenta de que California del Sur estaba a solo un día de manejo. Janice vivía cerca de Los Angeles. Llamamos por teléfono de antemano para preguntar si nuestra visita era bienvenida. Sorprendentemente Janice parecía a gusto. Hoy creo que ella estaba tan enferma de resentimientos y recuerdos amargos como estábamos nosotros.

Nuestra visita resultó ser un hecho encantador. Para todos, fue un momento para enterrar el pasado y comenzar de nuevo. El último día de nuestra visita, le pregunté a Janice si podía hablar con ella en privado. De forma muy dulce y amorosa, escuchó mientras le explicaba sobre mi enfermedad y cómo había afectado nuestra relación. Le conté acerca de AA y cómo la comunidad me estaba ayudando a cambiar mi vida. Y le aseguré que haría todo lo posible para volver a unir ambas partes de la familia. Se quedó en silencio un momento, luego me abrazó cálidamente y dijo: "Creo que lo estás haciendo maravillosamente bien y estoy orgullosa de ti. Quizá ahora podamos ser amigas". Con esas palabras, el pasado quedó atrás. Podíamos volver a empezar.

Durante los siguientes dos años, la relación de familia sanó. Janice y su padre se perdonaron entre sí y se llamaban por teléfono con frecuencia. Su hermano y su esposa e hijos pasaron dos vacaciones con la familia de Janice. Su hermana menor se mudó a California y vivió con Janice durante seis meses. Si bien nuestra relación era cordial, no era el tipo de relación cálida, de apoyo que disfrutaba con mis amigos de AA. Pero yo era feliz y al menos nos estábamos hablando.

Luego, en enero de 1988, Janice nos llamó para darnos una noticia horrible. Tenía cáncer de ovarios. En aquel momento, nuestra amistad cambió. Janice me pidió apoyo y yo estaba completamente dispuesta a dar todo lo que tenía para ayudarla.

Durante los siguientes doce meses, Janice soportó dos cirugías y ocho quimioterapias. Perdió su cabello largo y abundante. Perdió peso y músculo. Perdió la vida socialmente activa que adoraba. Pero nunca perdió la fe. Ella era una inspiración para mí, y yo para ella. Mediante la gracia de mi Poder Superior y las lecciones que aprendía en AA, pude compartir mi experiencia, fortaleza y esperanza —y ayudar a Janice a mantener una confianza positiva y llena de fe.

La familia de Janice se unió en torno a ella. Los viejos resentimientos quedaron en el olvido. Ella y yo hablábamos al menos dos veces por semana, todas las semanas, durante doce meses angustiosos. Su hermano hablaba con ella tanto o más que yo. Sus hermanas rezaban y le daban tanto apoyo y aliento como podían. Mi esposo y yo le enviábamos tarjetas y flores siempre que estaba internada en el hospital. Dos veces viajamos en nuestra casa rodante hasta California y acampamos en la calle, frente a su casa. Cuando a Janice le anunciaron alegremente que estaba "curada", viajamos una tercera vez para celebrar.

Janice hablaba del futuro, cándida, amorosa, rebosante de vida, del mismo modo que una persona con hambre habla de comida. Añoraba la vida, la felicidad y el bienestar. Sin embargo, falleció seis meses más tarde. Tuvo una recurrencia en la porción inferior del intestino. Una colostomía. Más quimioterapia. Debilitamiento. Finalmente, la paz.

Todavía no comprendo el terrible dolor que siento. Pero sí entiendo esto: por el poder espiritual del Noveno Paso, no tengo remordimientos en lo que refiere a Janice. La familia, que lloraba unida en aquella iglesia tapizada de flores, no habría estado allí si el Noveno Paso no hubiese obrado esta magia sanadora. Hacer reparaciones inició una reacción en cadena de perdón que cambió a toda la familia.

Como me prometió mi madrina años antes, aprendí más de aquella reparación —la que juré jamás hacer— que de ninguna otra persona o suceso en mi recuperación.

Carol S.
Albuquerque, Nuevo México

El trabajo al alcance

Marzo de 1988

SE ESCUCHABA EL CANTO del gorrión, el rítmico "taca" del pájaro carpintero y el rugir bajo y continuo de la interestatal. Había dejado de trabajar un rato para descansar mi mente acelerada y escuchar el silencio. Cuando dejé de pensar, descubrí que no existe el silencio absoluto. Incluso acá, a millas de distancia de la ciudad, la vida se hace escuchar.

Tony y yo estamos construyendo un estudio para un amigo. El pago no es mucho, no lo suficiente para sacar a flote mi barco financiero hundido, pero es trabajo. Siempre debemos trabajar un día a la vez, con la incertidumbre de qué trabajo vendrá después. Si no me preocupo, y solo hago cada trabajo tan bien como puedo, es suficiente. Del poco dinero que ganamos, el diez por ciento se destina a pagos para personas o instituciones a las que hemos engañado o dañado en el pasado. Al seguir ésta y algunas otras sugerencias simples, nos mantenemos sobrios y llevamos vidas bastante decentes.

Para mí fue una sorpresa, grande y pesada, darme cuenta de que era alcohólico. Un mes, fui capataz de una cuadrilla de obreros de la construcción para uno de los constructores más prestigiosos de mi área. Mi esposa enseñaba en una escuela. Estábamos comprando una casa, que necesitaba "mejoras", pero con gran potencial. Es cierto, bebía un poco demasiado, pero nuestras vidas estaban bien, al menos en la superficie. Un mes más tarde, mi esposa se fue, yo quedé desempleado y había admitido mi alcoholismo.

Tony toma un último trago de café, mira su reloj y me dice que es hora de volver a trabajar. Estamos excavando cimientos a mano. Es un trabajo duro en este suelo rocoso de la montaña, pero al igual que muchas cosas que son difíciles o poco placenteras, tiene recompensas. Nos mantiene fuertes y trabajamos al aire libre.

Cuando mi esposa se fue de casa, llamé a una amiga que teníamos en común, esperando que, con su intermediación, pudiéramos convencerla de regresar. Pero Lois no quería hablar sobre cómo hacer para que mi esposa regresara. Llevaba la conversación una y otra vez hacia la bebida. Me contó historias de su propio hábito de beber y, pronto, respondí con mis propias historias. Me había visto beber mucho; no podía convencerla de que era un bebedor social. A medida que hablábamos, me quedaba más claro que la mayoría de mis problemas tenían origen en mi forma de beber.

Esa tarde me invitó a ir a una reunión y acepté. Me advirtió que en las reuniones las personas se presentaban como alcohólicas. ¿Podía decir que yo era alcohólico? Por entonces, no sabía lo que significaba ser alcohólico, pero hubiese afirmado que era una cebra si me hubiese ayudado a que no doliera tanto.

"Me llamo James, y soy alcohólico".

Lo dije. La palabra que empieza con "A". La he dicho muchas veces desde entonces, y no he tenido que beber desde aquel domingo de septiembre.

Mi mente todavía trabaja horas extra. Una gran parte de mi recuperación ha consistido en aprender a no escucharme a mí mismo. Cuando mi esposa se fue de casa, decidimos que yo debía quedarme en la casa que estábamos comprando juntos, pagándole cuando pudiera su parte relativamente pequeña del pago anticipado que hicimos. Con el trabajo que tenía entonces, esos pagos se dificultaban, pero no eran imposibles. Unas semanas más tarde, el constructor para el que había trabajado durante muchos años comenzó a tomar exclusivamente subcontratistas. Me quedé sin trabajo.

Luego sobrevinieron las horas más oscuras que jamás haya enfrentado. Además del remordimiento inevitable de ser la causa de que mi esposa se haya ido, me despertaba cada día con la posibilidad de la ruina financiera. Mientras la correspondencia con las facturas sin abrir juntaba polvo, mi mente se preocupaba por mi situación de mil maneras diferentes. Lo que es peor, caí en el síndrome eterno: la condena —siempre había estado condenado, siempre lo estaría.

"No pienses en eso", me dijo Jim, el amable. En el grupo al que asisto periódicamente hay muchos Jim, por lo tanto, les ponen sobrenombres. Jim cuenta que le pusieron "el amable" porque no lo era. Yo le estaba explicando cómo creía que funcionaba psicológicamente el Cuarto Paso. Después de todo, ya hacía más de seis semanas que estaba en Alcohólicos Anónimos y había estado escribiendo mi Cuarto Paso durante más de una semana. Seguramente, me sentía un experto.

"Solo hazlo", repitió. "No pienses en eso".

"Pero para eso tenemos el cerebro", le discutí. "Para que nos ayude a comprender el mundo y a tomar decisiones en base a eso".

"Tu criterio te trajo hasta Alcohólicos Anónimos", me recordó Jim. "Solo haz lo que está delante de tus ojos, no pienses, no bebas y ve a las reuniones".

"No pensar, ¿eh?" "¡No pensar!"

Pensé en eso. Eventualmente, comencé a ver que lo que yo había llamado pensar, no era en absoluto pensar; pero sí una especie de jaula de ardillas llena de duda y preocupación, y que les daba vueltas a las mismas cuestiones una y otra vez, y que siempre me traía de regreso a donde había comenzado.

Cuando mi vida era muy buena, creía que debía ser mejor. Buscaba ángeles. Me dije a mí mismo que el mundo era un accidente de la física y, por lo tanto, cada persona era libre de tomar tanto como pudiera. Durante largo tiempo, esa actitud fue moderada por las personas que amaba. Yo moderaba mis grandiosas ambiciones lo suficiente como para incluirlas. A medida que mi pensamiento pestilente progresaba, cada vez menos me importaba algo de mí y casi nada de las personas que me rodeaban.

No podía tranquilizar mi consciencia. Intentaba una y otra vez, y siempre me sentía culpable. Era inservible, vago, desagradable. Cada daño que les causaba a otras personas aumentaba los fondos ilícitos de mi autoconvicción interior. Comencé a beber más para cubrir esa oscuridad interna. Mi cerebro continuaba su ritmo febril, intentando descubrir la forma de salir de este círculo vicioso que había generado.

Era un empleado exitoso, en parte porque intentaba mantener el ritmo con mi cerebro aturdido. Por la noche, cada noche, podía tomar mi medicamento. El hábito diario de beber, que había comenzado unos años antes con una o dos cervezas para relajarme, había aumentado a una caja de seis y, en ocasiones, más. Ocasionalmente, me moderaba con vino —con frecuencia un cuarto o más cada noche.

Unos meses antes de que se fuera, mi esposa llegó a casa después de trabajar hasta tarde y entró por el porche del frente donde yo estaba sentado. Yo estaba bebiendo vino de una jarra de un cuarto. El resto del medio galón estaba en el refrigerador.

"¿Estás bebiendo de nuevo?", me preguntó.

"Sí. Pero solo un par de tragos. He comenzado a controlar mi hábito de beber". "Pero bebes todas las noches", agregó. "Todas las noches bebes".

Pensé brevemente en eso y llegué a la única solución lógica. Sin responderle, me fui al porche de atrás, donde podía beber en paz.

Tony se apoya en su pala y me mira divertido. "¿Estás pensando otra vez en tu esposa?", me pregunta.

"Bueno, sí, un poco", le respondí. Me sentía como solía sentirme cuando mi madre descubría que le faltaban cinco o seis rollos de canela de la bandeja de postres.

"James", dijo Tony con un chillido. "Extraño a mi M-16. Tendrías que haberla visto. Se llamaba Janice y era una belleza. La perdí. Buaaa, buaaa". Tony es veterano de Vietnam. Cuando llegó a Alcohólicos Anónimos, su pensamiento enfermizo era sobre los horrores de la guerra. Siempre me agarra con eso cuando estoy atrapado.

Mientras todavía era un borracho, había una conclusión a la que mi pensamiento no me permitía llegar. Dado que la conclusión que evitaba —sobre que bebía muchísimo— era el centro de cada problema, mi pensamiento se volvió circular y deshonesto. Era como vivir en una casa con un agujero negro en la esquina de cada habitación. Sin importar a dónde iba, había un agujero negro. Cuando bebía lo suficiente, los agujeros desaparecían. Para cuando comencé a recibir ayuda, mi cabeza ya no funcionaba bien.

También padecía de culpa y remordimiento. No era exitoso, pero había herido a las personas a las que más les importaba.

"Bien", dijo Bob bicicleta. "Ninguno de nosotros llegó acá por cantar fuerte en la iglesia". En las reuniones, las personas compartían sus propios defectos con el grupo, con frecuencia hasta llegar a la carcajada estruendosa. Era más fácil admitir mis propias faltas con semejante atmósfera. "Estás tan enfermo como tus secretos", decimos, y mi meta ahora es ser un libro abierto.

No soy un santo, como lo demuestra la larga lista de personas a las que herí; sin embargo, estoy trabajando en esa lista, haciendo las reparaciones, siempre y donde sea que surgen.

Probablemente mi reparación más satisfactoria fue con mi maestro de música de la secundaria. Hace veinticinco años, me prestó uno de sus propios libros de música. Por pereza o por codicia, jamás le devolví el libro. Desde entonces, me habré mudado unas quince veces, y tuve y perdí muchos libros. No obstante, siempre empacaba y llevaba aquel libro conmigo, a todas las casas y ciudades. Había dejado de estudiar música y el libro era simplemente equipaje.

Luego de ciertas averiguaciones, encontré su dirección y devolví el libro con una carta de disculpas. Cuando lo hice, me sentí un poco más libre. Tenía un secreto oscuro menos en qué pensar.

Tony me dice que es hora de irnos a casa. Me había distraído otra vez, pensando y pensando. Cuando estoy atrapado en esa jaula de ardillas, con frecuencia cometo errores. Hoy tuve suerte. Tony debe haber estado llevando un buen control del terreno. Las zanjas de los cimientos están bien cavadas y en el lugar exacto donde se supone que deben estar. Vuelvo a escuchar el rugido bajo de la interestatal. Había vuelto a aterrizar a salvo.

Accidentalmente, había puesto en marcha la física como creador de mi universo y la reemplacé con mi propia concepción de un Dios bondadoso. Siempre que ponga en práctica los principios que me mantienen cerca de Él y haga el trabajo que me pone adelante lo mejor posible, recibiré lo que necesito. Ya no tengo que pensar cómo debe marchar mi vida. Eso me da paz.

Todavía estoy atado financieramente. No he encontrado el trabajo que pague tan bien como el que tenía mientras aún bebía. Ahora mi esposa es mi ex y ya se volvió a casar. Eso es pan duro de roer. Lo que tengo ahora es una fe creciente de que mi vida se está encaminando hacia un Poder más grande que yo mismo.

Solo cuando dejo de pensar en ella, dejo de intentar manejarla, es que mi vida se transforma en lo que Dios quiere. Todavía tengo que vivir las consecuencias de mis años de bebedor. Mientras eso sucede, mi tarea debe ser como estas zanjas, perfectamente cavada y justo en el lugar donde debe estar. Cuando dejo de pensar en eso, sé que finalmente estoy en casa.

James L.
Tucson, Arizona

Sigue mi consejo, no lo estoy usando

Mayo de 1997

ME SENTÍA MÁS BIEN DEPRIMIDA, entonces llamé a mi madrina y descubrí que ella se sentía igual de ánimo. Pregunté: "¿Qué debo hacer?" Al principio me dijo: "No sé. Si encuentras una solución llámame de nuevo". Luego, como es una persona amorosa, una buena amiga y tiene una excelente comprensión del programa de AA, se puso su traje de madrina y me dijo que hiciera lo siguiente:

1. Usar la vida como una prenda suelta.
2. No tomarme tan en serio.
3. Ser agradecida.
4. Encontrar a otro alcohólico con quien trabajar.
5. Leer el Libro Grande y asistir a las reuniones.

Luego agregó: "Sigue mi consejo, no lo estoy usando".

Llamé a una de mis ahijadas y ella también estaba con un ánimo negativo. Mencioné el problema y le sugerí que siguiera la lista anterior. Me comentó que una de sus ahijadas se sentía melancólica. Propuse que mi madrina y yo, ella y su ahijada, formáramos un grupo de canto llamado "Depresiones" y que cantáramos blues. No le hizo gracia.

Más tarde, aquel mismo día, pasó mi madrina con una amiga a tomar café —¡y vaya cambio! Ella había hecho una llamada del Duodécimo Paso y llevado a otra alcohólica para que se desintoxicara. Relató cómo la mujer parecía una carretera en mal estado, estaba enferma y llena de miedo y remordimiento. De repente, nos sentíamos llenas de gratitud y nos reíamos ante la locura de la autocompasión y la depresión que nosotras mismas nos habíamos impuesto. Recordamos todo el dolor y la confusión de nuestros primeros días en Alcohólicos Anónimos.

La simpleza de este programa jamás cambia —lo que funciona es constante: confiar en Dios, limpiar tu interior y ayudar a otros.

Terry B.
Concord, California

SECCIÓN CINCO

Amor altruista

"Dios, hazme un instrumento de tu Paz — que donde haya odio, siembre amor — donde haya injuria, perdón — donde haya discordia, armonía — donde haya error, verdad — donde haya duda, fe — donde haya desesperación, esperanza — donde haya sombras, luz — donde haya tristeza, alegría. Dios, concédeme que busque no ser consolado, sino consolar — no ser comprendido, sino comprender — no ser amado, sino amar. Porque olvidándome de mí mismo, me encuentro; perdonando, se me perdona; muriendo en Ti, nazco a la Vida Eterna".

—Doce Pasos y Doce Tradiciones, pág. 99

La mayoría de nosotros jamás alcanzará a la perfección los ideales que expresa esta oración, que comúnmente se conoce como la Oración de San Francisco de Asís. Pero las historias que se relatan en esta sección demuestran que cuando somos capaces de ejercer nuestro amor altruista, podemos, según las palabras de un escritor, "comenzar a abrir todos los regalos que la vida de AA nos puede dar".

Dejar de lado la ira

Julio de 1965

ME PARECIÓ alguna vez que el gran truco de aprender a vivir el estilo de vida de AA era dejar de lado la ira. Ahora pienso que más bien es cuestión de aprender a amar —y a servir. Vagamente veo por estos días que no existe la libertad a partir de un paisaje interior tumultuoso de codicias y compulsiones, hasta que, de alguna forma, de algún modo, nos centramos en el hecho milagroso de que se nos da un mundo y a todas las personas que habitan en él para amarlas. El personaje Miranda, de Shakespeare, con una pureza de corazón como jamás hubo nadie igual, concluyó, desde la visión de una joven muy normal, que había un "mundo feliz" que la esperaba más allá de la Isla de Próspero. Creo que en AA vemos con bastante anticipación que para nosotros existe, en verdad, un mundo feliz —si solo salimos y vivimos en ese mundo con amor. ¡Ah, no es tan fácil hacerlo! Se necesita tiempo, y ese cambio que llamamos crecimiento, así como bastante ayuda de nuestros compañeros de AA y de nuestro Poder Superior.

La forma de vivir con amor altruista me elude casi todo el tiempo. Entonces, quizá, no esté demás continuar trabajando mientras tanto contra las cosas negativas. Continúo intentando desterrar la ira. ¿Seguro que esto llega antes que el nacimiento del amor?

Como sucedió, la ira fue el primer defecto de carácter que llegué a reconocer que tengo. Afloró a la superficie para su inquisición en cuestión de semanas de haber ingresado a la comunidad. Podía ver, y no me gustaba hacerlo, que tenía ataques periódicos de furia y entre uno y otro, vivía una especie de sospecha fría de todo el mundo. (¿Cómo puedes amar a personas tan desagradables como el mundo las presenta: miserables, interesadas, inconstantes?).

Cuando al final vi mi tendencia a los berrinches infantiles (ah, pero eso sí, disfrazados de lenguaje de adultos e imposicion), noté —y mi corazón dio un vuelco— que yo era la persona miserable, interesada e inconstante. Yo era la persona antipática y, en consecuencia, era la causa de la ira que había en mi vida.

Esa perspectiva me conmocionó; sentí que el centro de mi ser había sido bombardeado. Pero, para variar, era un vacío beneficioso. Desde entonces he tenido ataques de ira, si bien con menos frecuencia, y me he dejado llevar por amigos y parientes no sé cuántas veces, pero en esos días jamás me alejo de la sensación restauradora de que la caridad comienza por casa: debo amarme (aceptarme), al menos, de tal forma como para dejar de sentirme enfadado y comenzar a abrir todos los regalos que la vida de AA puede darme.

Anónimo

Algunos recuerdos antiguos

Marzo de 1984

QUE UN RAYO ESPECIAL DE SERENIDAD ilumine a cierto alcohólico al que se le ocurrió y compartió aquella agradable palabra "veterano" como alguien con mucho tiempo, en lugar de "veterano" como alguien viejo. ¡Debo corresponder con algunos recuerdos antiguos!

Hace un mes, un domingo por la noche, compartí mi cumpleaños número treinta y cinco en AA en una reunión en Rondebosch. No hubo un banquete, ni campanas, ni siquiera una torta de cumpleaños. La única concesión fue una grabación de la charla. Pero en aquella sala, el amor caía sobre mí como una cascada y vertía sobre mi esposa Jessie, quien una inolvidable mañana de 1947 me rogó que escribiera a New York para pedir ayuda cuando, a los veinticinco años, me estaba muriendo a causa del alcoholismo aquí en Sudáfrica.

No había un número de teléfono al que llamar; las reuniones

periódicas se harían realidad mucho más tarde; no había una casilla postal para escribirle a un padrino furtivo, sin prueba de existencia física alguna, que mi visión trémula de AA funcionaba. Era de ese modo. Esa era la forma en que tenía que ser —para mí. Me sentía perpetuamente aterrado, un cúmulo de sospechas fluctuantes, tan susceptible y dolorosamente sensible ante la menor vibración de autoridad que, de haber habido un grupo u oficina central de AA cerca, dudo que me hubiese puesto en contacto con ellos.

En mi caso en aquel momento, se debía hacer a través del silencioso poder de la palabra escrita, que comenzó Bobby en la Oficina de Servicios Generales de AA en Nueva York y rubricado por Ann M., Bill y Bob, que enviaron semejante amor en tantas cartas durante varios años. Tan compulsivamente como solía beber, ahora sentía una obsesión celestial con la sobriedad de AA, y mi euforia me forzó a escribir a cada uno de los estados rogando por cualquier migaja que pudiera obtener. Me enviaron pasteles enteros de indescriptible riqueza mental, cubiertos con humildad, risas y amor alcohólico. Luego de que aquí se formaran los grupos, con frecuencia el liderazgo de Bill W. nos salvó de la calamidad.

Un día, a las cinco de la tarde cuando llegué del trabajo, me pusieron en las manos el Libro Grande (de alguna forma lo había ignorado). Según lo recuerdo, había estado sobrellevando las punzadas prematuras de la sobriedad "monótona" que por lo general sentimos aproximadamente en nuestro quinto mes en AA, cuando no tenemos ni un indicio acerca del programa. Junto a la taza humeante se encontraba el libro, con su tapa azul marino —Alcohólicos Anónimos, la impresión de 1948.

Terminé de leer esta obra maestra a las seis de la mañana del día siguiente. El té, ahora frío, seguía intacto y el cenicero vacío. No había tenido tiempo de aflojarme la corbata ni de sacarme la chaqueta. Solo me levanté de la mesa una vez, y luego me llevaba el libro al baño. Era la publicación más grande y la mejor artísticamente creada de recuperación, y aún lo es. Estaba embelesado por la majestuosidad del texto, la delicadeza de las sugerencias, que satisfacía la individualidad de cada alcohólico. ¡Por fin toda esta aventura tenía sentido! Para mí la esencia yacía en el segundo párrafo de la página 164: "Él te enseñará cómo formar la comunidad que anhelas".

He leído este querido libro una y otra vez. Todavía eleva, inspira y guía. Con el correr de los años, he leído miles de libros y folletos, pero el Libro Grande sigue siendo la superestrella. El amor que fluye de sus páginas me alienta a mantener la espada de mi sobriedad siempre afilada y reluciente, para abrir paso entre toda la ignorancia y el terror que rodea a los alcohólicos que todavía sufren. Cuando sus lágrimas se secan y el dolor se esfuma, veo en sus ojos la imagen de Dios, que siempre ilumina a la comunidad de la cual soy parte, gracias a Él y a todos ustedes.

P. O.
Wynberg, South Africa

Reprobaba a todos por igual

Marzo de 1983

VINE A AA PORQUE estaba "enfermo y cansado de estar enfermo y cansado". Al no beber y al asistir a muchísimas reuniones, logré ese tipo de sequedad que hace innecesario beber, y también innecesario descartar la mayoría de mis viejas ideas y concepciones. Elegí un "padrino" que apoyó ese sistema.

Era libre para no beber, no hacer bien mi trabajo, ser tan irritante como tener un uñero en una fábrica de pepinillos y de reprobar las gracias de todos y cada uno de los grupos dentro y fuera de AA. Reprobaba a todos por igual. Sentía una animosidad particular contra motociclistas, insolventes, homosexuales, personas que consumían cualquier tipo de drogas, personas divorciadas, liberales, ad nauseam. Pero, por alguna razón, incluso con todas estas personas a las que rotundamente menospreciaba y con las que me creía superior, no era feliz. De hecho, era muy infeliz. Obtenía un cierto goce perverso de mi miseria.

Cambié de trabajos y de ciudades. A través de una serie de destrezas y ciertos movimientos furtivos, mi Poder Superior me permitió terminar en un grupo de AA compuesto por personas que trabajaban con empeño el programa. Con la ayuda de un padrino fortalecido, procedí a trabajar los Pasos, todos los doce, de la forma y en el orden en que los explica el Libro Grande.

Casi sin darme cuenta, estaba perdiendo suficiente miedo y ganando suficiente fe como para sentirme bien. Ya no se trataba solo de estar enfermo y cansado; mi vida cambió de tal forma que ya no tenía miedo de ser "feliz, alegre y libre". A medida que trabajaba los Pasos lentamente y, en ocasiones, tímidamente, mis actitudes, imagen propia, mis relaciones con otros seres humanos —virtualmente todo en mi vida— cambiaron. Ya no quería salir corriendo frente a todo el mundo y gritar: "¡Síganme!"

Descubrí que las personas fuera del programa podían ser tan amorosas y compartir tanto como las que estaban en él. Los tiempos cambiaron, la vida cambió y las personas en el programa comenzaron a pedirme que las apadrinara. Dios vio que eso me mantenía ocupado; por ese motivo, yo necesitaba ayudar a que las personas nuevas se recuperasen tan pronto como pudieran, así tendría tiempo para otras que me lo pedían.

Junto con eso, Él comenzó a hacerme ver algunas de esas viejas ideas. Me encontré con un "insolvente" que ni sabía que lo era. Desde que se unió a AA saldó, sin mediar una bancarrota legal, decenas de miles de dólares de deuda. Uno a uno, aparecieron en mi vida: liberales, jóvenes, hippies, Bill y su Harley-Davidson, empleados estatales, un profesor titular, homosexuales y, por último, cuando así lo decidió Dios, un miembro que debía tomar cierta medicación para corregir su mente y así poder funcionar.

Todas las mañanas le pido a Dios: "Por favor, cuida a...", y los nombro a todos. Cada noche, le agradezco que cuide a cada persona de la lista, que ha aumentado a ochenta y cinco nombres. Quién apadrina a quién es algo que ya queda en manos de Dios después de un tiempo.

He aprendido a iniciar cada uno de los apadrinamientos con la afirmación: "Soy capaz de amarte, de aceptarte, como tú a mí. No te juzgaré ni esperaré que hagas algo solo para complacerme. No hay reservas en este amor. Jamás te sugeriré que hagas algo que yo no haya hecho. Si deseas lo que las personas con una buena sobriedad tienen, entonces harás lo que ellas han hecho —los Doce Pasos de este programa".

Les pido a cada uno que me llamen cuando así lo sientan, que compartan tanto sus alegrías como sus problemas. En el pasado, en ocasiones cometía el error de decir: "Llámame cuando tengas un problema". La conclusión fue que estaba "enseñándoles" a mis amigos a tener problemas para que pudieran tener un motivo para llamarme. Ahora, hablamos de lo bueno y lo diferente, así como de los días ocasionales fuera del programa. He manejado muchas millas, recorriendo en silencio y lentamente caminos alternativos, compartiendo y hablando, riendo y, a veces, llorando. Estos son momentos para generar confianza, aprender a compartir, lograr la fe de ser "feliz, alegre y libre". Puedo lograr una visión de mí y aprender cómo Dios quiere que amplíe mis horizontes en el programa.

Tantas cosas, de las más diversas procedencias, me han ayudado a llegar a mí mismo y a otras personas, que simplemente no puedo identificar cuándo y dónde me ocurrió una verdad en particular. Sin embargo, quisiera compartir lo que considero que son dos conceptos clave. El primero es que mientras yo actúe de forma amorosa y empática, no soy responsable de la forma en que los demás reaccionan. Esto me libera de complacer a las personas a costa de mis propias emociones. El segundo concepto es, considero yo, la base más clara para compartir nuestro interior con otra persona: los sentimientos no son ni buenos ni malos. Es lo que hacemos con nuestros sentimientos en lo que tenemos que concentrarnos.

Mediante el apadrinamiento, el programa me enseñó, lenta y gradualmente, a amar y a ser amado. Me enseñó a tocar, a caminar junto a un amigo o amiga y a darle palmadas en su cabeza y decirle: "Solo es por si acaso nadie te dio una palmadita en la cabeza hoy". Aprendí el valor de decir: "Estás bien", con un abrazo. Aprendí la diversión y la alegría de ser un chiquilín, de poder reír y disfrutar la vida. Aprendí en qué consiste la vida.

A medida que comparto lo que sé del programa y estoy dispuesto a aprender de aquellos con los que comparto, descubro un contacto más profundo y más gratificante con Dios. Mi comprensión cambia y se expande a través de la exposición más y más amplia a muchos tipos de personas provenientes de los contextos más variados. El elemento común que une a todas estas relaciones es el deseo intenso de permanecer sobrios e ir más allá de la sobriedad hacia una recuperación plena.

R.M.
Temple, Texas

Tan único como huevos con jamón

Junio de 2000

HACE TREINTA Y DOS AÑOS, en abril de 1968, me acosté en la cama en posición fetal. Un médico me dijo que no creía que pasara la noche. Hasta ahí me llevó mi alcoholismo. Hoy, este hombre negro de setenta y dos años quisiera compartir contigo a dónde me ha llevado mi sobriedad, un día a la vez.

Esta mañana me desperté cerca de las cuatro. El reloj eléctrico estaba parpadeando porque en algún momento de la noche se había cortado la luz. Físicamente, me sentía muy mal, y eso que todavía ni había puesto un pie en el piso. Comencé a pensar: "Oh Dios mío, acá vamos de nuevo, otro de mis días de diabético". Desde que me han diagnosticado con diabetes, tengo días en que, sin ninguna razón aparente, no me siento bien. Por lo tanto, lo tomo con calma, sabiendo perfectamente que pasará y que es muy probable que algo ocurra durante el día para distraerme de la forma en que me siento, tanto física como emocionalmente. Así que pongo manos a la obra y hago lo que esté frente a mí.

Mi mente se distrajo hacia mi amigo de noventa años que está en un asilo para ancianos. Le había prometido que hoy lo llevaría a pasear y que le traería un poco de alivio para el aburrimiento que le provocaba aquel lugar. Para él, su situación actual es difícil porque siempre se mantuvo al día y siempre estuvo con gente en el centro de Oceanside. No le gusta participar en las actividades del asilo. Prefiere más ir a dar un paseo en auto y ver las cosas que puede ver.

En esto pensaba mientras me levantaba de la cama y me preparaba para ir a la reunión de AA a la que voy todas las mañanas, salvo los días en que trabajo en nuestra oficina central. Hace años, escuché a un muchacho compartir que las personas le preguntaban, en broma, qué iba a hacer cuando se jubilara y él les respondía: "Involucrarme más activamente en Alcohólicos Anónimos". Eso realmente me llegó, por lo tanto, intento mantenerme lo más activo que puedo. Después de que se publicó nuestro libro "Reflexiones Diarias", hace unos años, nuestro "Centro de Amigos" dio comienzo a las reuniones matutinas en base a las lecturas diarias. La reflexión del día de hoy era: "El contacto frecuente con recién llegados y entre unos y otros es el punto luminoso de nuestras vidas". Realmente me podía sentir identificado con el alcohólico que escribió sobre darnos cuenta de que todos somos un tipo de ser humano en un jardín variado y que las cosas con las que más alegría sentimos son aquellas que, en ocasiones, no queremos hacer. Ciertamente no estaba pensando hacer demasiado hoy, más que llevar de paseo a mi amigo.

Lo pasé a buscar cerca de las ocho y fuimos a la reunión, donde recibimos a un grupo de personas que estaban muy agradecidas por estar sobrias. Todos estaban encantados de verlo y eso hizo que mi corazón se alegrara, por ver la forma cómo lo trataban y le daban la bienvenida. Mi amigo y yo, ambos, nos habíamos mantenido sobrios por treinta y dos años. Después quiso ir por un corte de cabello. Una de las barberías estaba cerrada y en la otra había que esperar una hora, pero lo tomamos con calma.

Luego fuimos al centro de atención para personas mayores, donde él había pasado un tiempo y tuvo la posibilidad de hablar con algunos de los trabajadores sociales y de los pacientes que estaban ahí, y se le veía resplandeciente. Puedo decir que se sentía realmente bien y estaba de buen ánimo. Salimos de ahí y nos dirigimos a un McDonald's para comer un sándwich de pollo a la parrilla. Aprendí a lidiar con su forma de comer, porque ahora tengo un babero que junta toda la comida extra que se le cae. Solía enfadarme realmente mucho con él cuando se ponía ropa bonita y se le caía la comida sobre la ropa mientras comía.

Nos marchamos de ahí y volvimos al antiguo vecindario, en el barrio, donde pasamos muchísimo tiempo. Les cuento esto para demostrarles cómo funcionan las cosas en nuestro programa de recuperación. Solo haces lo que sabes que es correcto. La primera persona con la que nos encontramos era un pequeño amigo que habíamos conocido hacía unos ocho años. Este pequeño amigo ha intentado lograr la sobriedad muchas veces: está sobrio una semana o dos y luego se vuelve a emborrachar. Vio mi camioneta estacionada y comenzó a hablar y agradecerme por unas cosas que yo había hecho por su hijo y él. Estaba exagerando mucho, entonces le dije que no tenía dinero y que no me dorara tanto la píldora y eso le pareció divertido. Mientras nos alejábamos del lugar, mi amigo dijo: "Amigo, ya sabes, seguramente es inteligente y es muy educado". Le dije que sí, pero que eso no era suficiente para ayudarlo a mantenerse sobrio, lo mismo que no tiene sentido acarrear el Libro Grande todo el día bajo el brazo si uno no lo abre y lo lee.

Había intentado muchas veces decirle a mi amigo que él había sido bendecido de muchas formas, y que está en un momento de su vida en que no puede hacer las cosas que solía hacer y que quiere hacer. Le dije que todavía tenía una buena vida por delante y que de él dependía de que fuera lo mejor posible. Intenté recordarle el programa y que se trata de un día a la vez. Así que mientras nos alejábamos, me dijo: "Tú sabes, realmente he tenido muy buena salud". Le respondí: "Tienes razón. De hecho, has gozado de muy buena salud durante casi noventa años. Solo es que tu cuerpo ahora está envejeciendo y pasándote algunas facturas".

"Sí, es verdad", dijo. Y agregué: "Tu mayor problema hoy en día es que no te gusta donde vives. Hoy en día conocemos a algunas personas que tienen ciertos problemas de salud bastante graves. Piensa en tu amigo que se ha mantenido muy activo en la comunidad. Ahora tiene que cancelar la cita con el doctor porque no puede ir desde el punto A al B. Ese jamás ha sido tu problema, y espero que nunca lo sea. No lo será mientras Dios permita que yo siga participando en la comunidad de Alcohólicos Anónimos".

Lo último que pidió mi amigo hoy fue visitar la oficina central. Sabía que yo trabajaba allí y quería ver al director, que es nuestro amigo. Entonces, entró a la oficina que tiene aire acondicionado. Al ingresar, puedes ver el círculo y el triángulo tallado en el linóleo. Mi amigo miró el símbolo y le pregunté si sabía todo lo que significaba. Recordó las ideas de unidad, servicio y recuperación y que el círculo representaba el mundo. Me sentí muy bien por eso.

Ahora, mi día está llegando a su final y solo pienso que fue importante compartir cómo había resultado mi día de diabético. En treinta y dos años, nunca jamás había tenido dudas acerca de si este programa funcionaba o no. Creo que soy tan único como los huevos con jamón. La respuesta está en el contacto frecuente con otras personas y lo que hoy puedo hacer para ayudar a los demás. Me llevó mucho tiempo darme cuenta de esto. Creía que mis problemas se solucionarían solo porque sí. "Ojalá que...", entonces, todo estaría bien. Solo que no funciona de ese modo. Se necesitan las pequeñas cosas que sucedieron hoy —no son dramáticas, pero prueban que mi Poder Superior trabaja hasta cuando yo ni siquiera pienso que está trabajando.

Ahora estoy en casa, acá sentado, mientras pienso en el excelente día que tuve, segundo a segundo. Resultó ser que, con solo poner un pie delante de otro y no cuestionar las cosas, me podía dejar llevar por la corriente. Todo estuvo en manos de Dios y realmente tuve un buen día. No tenía nada que ver con el entusiasmo de tener una novia, dinero, propiedades o prestigio. Hoy mi amigo fue esa luz en mi vida, junto con todas las otras personas con las que interactué. Honestamente puedo decir que amo a ese viejo. Lo amo por lo que es y por lo que ha hecho por mí y los demás y, esta noche, siento mi corazón pleno. Jamás pensé que un día como el de hoy fuera tan trascendental en mi vida. Todo ese entusiasmo que solía anhelar y perseguir ya no existía. Ya no tengo que vivir al límite. Y esta noche, mientras apoyo la cabeza en la almohada, no puedo pensar en nada de lo que haya hecho hoy que deba rehacer y por lo que tenga que hacer reparaciones.

Nada mal para un borracho de setenta y dos años que se muerde la lengua.

Sam L.
Oceanside, California

Milagro en un pequeño local de hamburguesas

Marzo de 2002

DE TODAS MIS EXPERIENCIAS en sobriedad, ninguna puede igualar lo que sucedió el día en que las Promesas comenzaron a ser una realidad en mi vida: era un domingo por la tarde y yo iba a encontrarme con mi esposa, de quien estaba separado, en un pequeño local de hamburguesas para entregarle a mis hijos luego de su día de visita. Nuestro divorcio fue casi definitivo, ella cuidaba muy bien de nuestros hijos y de sí misma, y hacía su vida. Desafortunadamente, yo no podía aceptar esta realidad y, la mayoría de las veces estaba lleno de temor, ira y celos. Estos sentimientos eran algo con lo que luchaba constantemente y, a diario, lo dejaba al cuidado de mi Poder Superior. Ella llegó pronto y, mientras llevábamos nuestra comida a la mesa, observé su anillo de compromiso nuevo que estaba usando. "Lindo anillo —¿dónde lo conseguiste?" Miró el anillo, sonrió y me dijo el nombre de él. Pude sentir cómo me subía la presión arterial y supe que estaba a punto de arruinar el día. Pero, en lugar de prepararme para arrojarle mi hamburguesa en la cara, despotricar, delirar, maldecir y, por lo general provocar una escena, recé en silencio una simple oración con la que me he familiarizado mucho: "Dios, por favor, ayúdame".

Y ahí fue cuando sucedió. En ese preciso momento, todo mi mundo y mi cuerpo parecieron detenerse. Sentí algo que puedo describir como si vertieran miel tibia sobre mi mente y mi cuerpo. Cerré los ojos y bajé la cabeza a medida que esa sensación tibia me cubría por completo. Mientras abría los ojos para verme los pies, ¡esperaba absolutamente estar de pie en un charco de ese líquido! Por supuesto, ahí no había nada, pero algo inexplicable había sucedido porque, cuando volví a mirar a mi exesposa, lo único que pude sentir fue —¿están listos para leer esto?— amor. Así es —amor.

No ese amor romántico o cualquier otro tipo de amor que haya sentido alguna vez, sino un amor que solo puedo describir como que viene directamente de Dios. Un amor que nace de la aceptación completa y total. Y en ese mismo momento, de repente me di cuenta de que Dios estaba haciendo por mí lo que yo no podía hacer por mí mismo.

Mi vida no ha sido la misma desde aquel día. Y, desde entonces, en siete años, las Promesas han continuado haciéndose realidad para mí. Amo la sobriedad y amo la vida. Y tengo a mi Poder Superior, los Doce Pasos de Alcohólicos Anónimos y a mis hermanos y hermanas en la recuperación, para agradecerles. El Libro Grande dice que las Promesas "siempre se materializarán si trabajamos para eso". Lo creo.

Lester W.
Oceanside, California

La capacidad de amar

Mayo de 1962

DESDE MI PRIMER día en AA, he estado escuchando acerca del amor según se manifiesta en nuestra comunidad. Escuché a los miembros hablar sobre el privilegio de hacer las llamadas del Duodécimo Paso, el amor que sentían por los borrachos. Me sentaba en esas reuniones, alimentando la vergüenza de no sentir eso siempre.

Al tratar de trabajar la parte del programa acerca de la honestidad, debía admitir que no siempre me gustaba llamar a los borrachos y que tenía poca tolerancia o paciencia hacia ellos. Aceptaba las llamadas porque me habían enseñado desde el comienzo que mi sobriedad dependía de eso. También estaba el componente del miedo —si me negaba a hacer esas llamadas, el grupo me criticaría, ¡y su aprobación era de suma importancia para mí! Cuando tenía que llamar a un alcohólico que había tocado fondo, en ocasiones sentía una repugnancia real.

Lo más lejos que podía llegar era a esta evaluación honesta de mis sentimientos. Estaba lleno de culpa y de odio hacia mí mismo. Intenté discutirlo con un par de otros miembros, pero no parecían comprender. Finalmente, llegué al punto en que no podía tolerar la palabra "amor". Porque no pensé que pudiera experimentarlo, no podía creer que otras personas pudieran. Los llamaba "farsantes". Grité que estaban profanando la palabra —ejerciendo un sentimentalismo barato.

Me di cuenta de que Cristo nos mandó a amarnos los unos a los otros. Concluí que, si era un mandamiento, entonces debía ser algo que se podía desear. En ese momento, decidí que no había esperanzas para mí. Cuanto más lo quería, más elusivo era.

Siempre he encontrado belleza en la Oración de San Francisco de Asís, he escuchado que se hace mucha referencia a ella tanto en nuestra literatura como en las reuniones y llevaba una copia en mi billetera. Un día mientras leía esta oración, comencé a sentir en mí la absoluta materialización de su significado. Este hombre santo le rogaba a Dios que se le concediera buscar amar más que ser amado —no manifestar el amor en su máxima expresión, no manifestarlo en absoluto, no buscarlo en plenitud, sino buscarlo más que lo que buscaba ser amado.

La esperanza comenzó a crecer en mí. De repente me di cuenta de que aquí había un hombre que había vivido la misma experiencia que yo, llegando hasta mí a través de siglos. Se comenzó a desintegrar ese núcleo duro que era mi culpa, y ahí me vino a la mente lo que siempre había considerado las dos palabras clave de AA: "voluntad" y "gracia". Debo estar dispuesto a buscar amar más que lo que buscaba que me amen y pedir que la gracia de Dios me conceda esto. Somos lo que deseamos. Si comenzaba a desear la capacidad de amar, se me concedería.

Lenta, muy lentamente, comencé a sentir que algo agitaba mi alma. Las reuniones parecían tener mayor profundidad. Comencé a sentir una nueva emoción hacia el principiante. Las llamadas del Duodécimo Paso eran, de hecho, un privilegio. Comencé a sentir —¿amor? ¿Podría ser eso amor? ¡Sí! ¡Recordé que hay grados en todo! Dado que no había sentido el gran amor de la humanidad como lo expresara un Schweitzer o un Gandhi, pensé que era incapaz de cualquier tipo de amor. ¡El viejo alcohólico perfeccionista!

Ahora, cuando voy a las reuniones, ya no me molesta escuchar a los miembros hablar de amor. No estoy sentado solo con culpa y vergüenza. Comparto, pertenezco, soy parte del grupo. Dios concede que pueda continuar buscando no tanto ser amado sino amar.

Anónimo
Lexington, Kentucky

Milagros para llevar

Agosto de 1997

RECUERDO LA MEJOR reunión de AA a la que haya asistido alguna vez. Fue en un pueblo del oeste de los Estados Unidos, una reunión al mediodía en un edificio viejo junto a las vías del ferrocarril. Yo era nuevo y aún no hablaba. Me refugié en un sofá deteriorado, cómodo por los años de uso, con mi gorra tapándome los ojos. El humo del cigarrillo parecía colgar del techo; unos rayos de sol se proyectaban en ángulo y tocaban el piso de madera. El café era fuerte.

La reunión comenzó como de costumbre y llamaron a un hombre para leer el capítulo "Cómo funciona". Comenzó a leer muy lentamente: "Rara... vez... hemos... visto...". Pensé: "Esto va a tomar una eternidad. Deberían pedir que lea otra persona". Pero no lo hicieron. Vi cómo ese hombre grandote luchaba lentamente para decir cada palabra. Tenía cicatrices y marcas de viruela en la cara. Las manos eran como manoplas. Debe haber pesado cerca de trescientas libras.

Una palabra agonizante detrás de la otra y "Cómo funciona" salía a cuentagotas. La reunión terminaría pronto, a la 1 p.m. Eran las 12:35, luego las 12:40. Todos mantenían silencio. Nadie se ponía de pie. Cuarenta de nosotros, cada uno inmerso en sus pensamientos. Por primera vez, me di cuenta de la cantidad de veces que se mencionaba la palabra "honestidad" en el capítulo "Cómo funciona".

A las 12:45 una ola de algo invisible cayó sobre mí. Supe que pertenecía. Si había una respuesta aquí para ese hombre, habría una para mí. Esa hora me bañó de AA con lo mejor —amor incondicional y esperanza sincera acerca de que el progreso en nuestras vidas puede ser posible.

A las 12:50, llegó el momento de la canasta. El hombre continuaba leyendo lentamente. Cada una de las personas tenía lágrimas en los ojos, incluso yo.

¿Quién puede negar que aquel día ocurrió un milagro? Este hombre —que luego supe había pasado una vida difícil en prisión—, terminó de leer la última palabra de "Cómo funciona" a las 12:58. Todos nos pusimos de pie, nos tomamos de las manos y simplemente terminamos la reunión con la oración del Padrenuestro.

Norm M.
Cedaredge, Colorado

SECCIÓN SEIS

La alegría de vivir

"Estamos seguros de que Dios quiere que seamos felices, alegres y libres".
Alcohólicos Anónimos, pág. 133

Durante nuestros días como bebedores, imaginábamos que no beber era un asunto sombrío, gris, sin alegría. ¿A dónde estaría la diversión? ¿El entusiasmo? Pero descubrimos que beber era el mundo en color gris y que la sobriedad está repleta de colores. La sobriedad ofrece una abundancia de risas, amistad, el entusiasmo por los descubrimientos espirituales y emocionales y momentos de pura alegría. A medida que crecemos y nos alejamos de la autocompasión y la desesperación, pensamos que ninguna imagen de sobriedad emocional estaría completa si no incluyera la alegría.

El ritmo de la vida

Octubre de 1998

EN MAYO DE 1993, INGRESÉ a la comunidad de Alcohólicos Anónimos, en medio de un divorcio muy doloroso como resultado de años de abuso de alcohol de mi parte. Mis dos hijas, de dos y tres años en aquel momento, quedaron atrapadas en medio de esta situación. Mi recuperación iba bien y mi relación con mis hijas continuaba mejorando; pero, luego de siete meses de estar en AA, aún sentía una carencia de paz. Aunque había estado trabajando en mi vida espiritual, seguía encontrando difícil de aceptar el hecho de que mi familia no volviera a estar junta. No fue mucho antes de que comenzara a cuestionarle a Dios su falta de voluntad para responder a mis preguntas.

Inmediatamente después de mi divorcio, estuve viviendo en una pequeña casa rodante averiada. Yo estaba en la quiebra y resentido por el hecho de ya no tener una casa y todas las cosas materiales que me hacían sentir que todo estaba bien. Incluso, en momentos de ruina emocional y espiritual, mis cosas materiales siempre me habían provisto de un falso sentido de bienestar. Ahora no tenía nada y mis hijas pasaban su primer fin de semana en mi nuevo hogar.

Las arropé en la cama, regresé a la sala de estar y me senté en la oscuridad, a solas con mis pensamientos y mi pena de mí mismo. Había nevado todo el día y la luna llena se reflejaba sobre la nieve recién caída, iluminando la sala con su luz. Cuando me puse de pie para ir a dormir, me detuve frente a la puerta de la habitación de las niñas. Me quedé allí, parado, solo viéndolas dormir. Los rayos de luz de luna que atravesaban su ventana emitían una hermosa aura sobre la cama donde dormían.

Lo que más recuerdo de aquella noche es el ritmo de su respiración. Mientras las niñas dormían, evoqué el ritmo lento, continuo y pacífico que me maravilló cuando las tuve en brazos por primera vez. Era ese mismo ritmo lento, continuo y pacífico que escuchaba cuando las acunaba para que se durmieran los años posteriores. Era este ritmo el que había sido una constante para mí en la relación con mis hijas. Era este ritmo el que me decía que estaban bien y que, a su vez, mi mundo estaba bien. Era este ritmo, en una casa rodante vieja y destruida estacionada en un parque para casas rodantes venido a menos, el que me decía que Dios estaba escuchando y que mi mundo estaba bien.

¿No es interesante el modo en que Dios nos susurra? Pero no siempre escuchamos sus mensajes. Por eso es importante para mí trabajar mi relación con Dios. Creo que el Divino se encarna en todas las cosas, pero el único modo que conozco de honrar a mi Poder Superior es hablándole como si fuera una persona. Ya no le pido cosas nunca más. No creo que sea un genio que concede deseos; sin embargo, creo que me da fuerza y esperanza y la apreciación de la vida y la bondad.

Este concepto me llena de gran consuelo y considero que es lo que intentamos lograr a través de los pasos espirituales de Alcohólicos Anónimos.

Frank K.
Dearborn Heights, Michigan

Resistiendo juntos

Marzo de 1984

CUANDO LLEGUÉ AL programa en octubre de 1956, me encontraba en una ciudad extranjera, en la que no había grupos, ni lugar de reunión, nada de nada. Una señora que estaba de visita en Venezuela llevaba el mensaje y "capturó" cinco ahijados —tres hombres, a mí y a otra mujer. Cuando nuestra viajera partió, dejó atrás a cinco nuevos miembros muy problemáticos. El "mayor" tenía tres meses sobrio. Yo era la última, con unas pocas semanas, muy inexperta, aún confundida y tan loca como una cabra. Nuestra única esperanza era resistir juntos, escribiendo un montón de preguntas tontas e incomprensibles a la Oficina de Servicios Generales de AA. Siempre nos respondían. Por supuesto, no sabíamos nada de centros de tratamiento o de hogares de recuperación. Todos imaginábamos que AA funcionaba así: si queríamos mantenernos sobrios, debíamos soportarlo. Así que soportamos y rezamos y resistimos.

Yo había estado bebiendo durante veintiocho años. Si bien quería desesperadamente eso que me habían ofrecido, tenía algunos deslices, tormentas nocturnas que me enloquecían, temiendo haber perdido esta maravillosa nueva vida. Pero realmente quería la sobriedad con toda mi alma y corazón. Entonces Dios me daba otras oportunidades. Finalmente regresé a Inglaterra, totalmente rendida; encontré un grupo y, por gracia de Dios, he estado sobria desde el veintiocho de diciembre de 1958. ¡Milagros, milagros!

En 1961, cuando llegué a Estados Unidos, y supe de los hogares de recuperación y de los centros de tratamiento, rechacé la idea. "Jamás lo lograrán. Debes hacerlo de la forma difícil, debes sufrir tu propia crucifixión". ¡Semejante arrogancia! Unos años más tarde, era la encargada alegre y feliz de un hogar de recuperación para mujeres alcohólicas, de 1967 a 1969. Algunas de "mis chicas" todavía están sobrias y yo sigo siendo su amada "tía".

Quizá puedas pensar que todavía estoy loca como una cabra, pero soy tan feliz, estoy tan colmada de alegría, tengo tanto de todo, que aún me siento en un maravilloso estado de euforia. Ahora bien, eso es algo, ¿verdad? Aquí estoy, con casi setenta y ocho años, pobre como rata de iglesia, recluida y parcialmente inválida por un par de derrames cerebrales. El calefactor de piso no funciona; tampoco mi estufa eléctrica; y yo me siento muy feliz y llena de energía, aunque todo se ve como si me hubiese tapado una avalancha de nieve. El secreto radica en que comienzo mi día, cada día, con un: "Buenos días, Dios. Gracias por el excelente descanso que tuve anoche". ¡Gracias Dios por la manta eléctrica!

Luego, me dirijo tambaleante hasta la cocina, enchufo la cafetera, alimento a "todas las criaturas, grandes y pequeñas" (cinco gatos, que alguna vez fueron callejeros, y ahora son amados compañeros, y dos perros, callejeros también, y devotos compañeros). Mientras realizo esos quehaceres y se hace el café, miro por la ventana de la cocina. Otra vez, podría gritar mis alabanzas y mi gratitud hacia Dios por ese radiante cielo azul (ahora está gris, y parece que va a nevar) y por el arbolito de damascos, de una gran belleza, con su dorado resplandeciente. ¡Oh, gracias, Dios! Hay una historia sobre mi arbolito de damascos. Tiene unos cinco o seis años y es un brote de un carozo que escupí mientras caminaba por el jardín a tender la ropa. Cuando vi esa semillita, ahí al costado del sendero, pensé: "Bueno, ¡que Dios te bendiga! Quizá si te planto justo aquí, crecerás". Eso hice, y creció, y ahora tengo toda esta belleza. ¡Incluso tuve una buena cosecha de damascos este año!

Me siento también bendecida por el interminable entusiasmo de la comunidad de AA, con su amor y con la alegría de estar sobria y viva. En una reunión doy mi nombre completo, digo que soy alcohólica recuperada, doy la fecha en que dejé de tomar y les digo a las personas: "¡Si yo puedo hacerlo, cualquiera puede! Pero debes poner en práctica los principios, seguir los Pasos, conseguir un padrino y, sobre todo, mantenerte activo".

Es un placer, cuando entro a mi grupo, escuchar a algunas personas queridas decir: "Aquí llegó una señora obstinación rampante". O es posible que me reciban con un: "Aquí está nuestra vieja bruja gruñona". Me encanta, ellos me aman, y todo está bien. Al menos me da una forma segura de ejercer mi humildad. Es muy diferente a que me llamen "esa bruja borracha y loca", como sucedía en los viejos tiempos, ¿verdad? Qué bueno es librarse de la arrogancia, del sarcasmo, de la mentira y del engaño, ser absolutamente honesta conmigo misma y mi prójimo.

Otro truquito que me mantiene feliz y sobria es este: si algo me desconcierta o me pone ansiosa, le escribo una carta breve a Dios y le cuento lo que sucede. En ocasiones me preguntan: "¿No te sientes sola viviendo por tu cuenta?" Oh, imposible que sepan sobre la alegría de la soledad, cuando yo puedo conectarme con mi Dios según lo concibo.

L. P.
Albuquerque, New Mexico

Reuniones, reuniones y más reuniones

Marzo de 1995

HE ESTADO SOBRIO por veinticinco años. En el peculiar cálculo matemático de Alcohólicos Anónimos, veinticinco multiplicado por trescientos sesenta y cinco es igual a uno. Todos compartimos la camaradería de haber estado sobrios un día a la vez, que es el único día que realmente tenemos. Pero, como me lo recordó un amigo hace unos días: "¡Sí, es un día a la vez, de corrido!"

La sobriedad me ha traído innumerables bendiciones, todas ellas en forma de personas. Primero, está la relación continua con Lynn, mi esposa desde hace treinta años. Treinta años casados y seguimos contando. Somos el medio para que cada uno experimente las emociones que, de otro modo, podríamos mantener a una distancia segura. Además, he tenido el privilegio de ver crecer a mis hijos y convertirse en excelentes seres humanos que me aman, así como de ser testigo del nacimiento de mis nietos, quienes también me aman.

¿Por qué sigo viniendo a AA después de todos estos años? Una razón es que me rio más acá que en cualquier otro lugar. Esta risa es difícil de explicar, ¿verdad? Les contamos a las demás personas historias de tragedias y vemos en nuestras propias historias lo absurdo de nuestras acciones, y reímos juntos. Creo que, en parte, lo que nos permite reír es el alivio y, por otro lado, la confianza — la risa surge de saber que alguien más realmente comprende la locura que hay en el alcoholismo. También pienso que reímos porque nos complace estar vivos entre una multitud de otras personas igualmente complacidas por estar vivas. Esta risa proviene del cielo.

Además, vengo a AA por la conmoción que provoca la identificación. Cuando escucho sus historias, me veo a mí mismo. Cuando me puedo ver a mí mismo, sé que necesito ser sanado, restaurado, reconstruido y elevado. Vengo por el antídoto para mi propia y peculiar marca de arrogancia, por la tendencia a sobrevalorarme y por el orgullo. Este antídoto no es una vacuna, pero un medicamento que necesito para sobrevivir a estos venenos que residen en mí. Donde tomo ese medicamento es en las reuniones. Y ustedes me incentivan. Me dan valentía —eso es lo que "incentivar" significa, después de todo— para que pueda arriesgar pequeños experimentos para ser mejor.

En otras palabras, vengo a aprender a ser humano. Los Doce Pasos son el aprendizaje eterno de lo que significa ser humano. No por nada se llaman pasos: con pequeños incrementos de mejoría que se suman con los años, aprendo a transitar todos los aspectos de la vida junto a ustedes. Aprendo que ser humano es ser una criatura, que las criaturas tienen un Creador; aprendo que ser humano es descubrir el poder en la impotencia, explorar el significado en la sumisión; aprendo a enfrentarme sin miedo, incluso con placer; aprendo a entregar mis fracasos y éxitos, a ser confesional y vulnerable, vivir el día, porque los fracasos y los éxitos del día son suficientes para los seres humanos. Aprendo a profundizar mi relación con Dios y a llevar el mensaje a otros alcohólicos.

Y vengo por la amistad y el afecto —no solo por los sentimientos amistosos y afectuosos que los demás me demuestran, si bien los atesoro, sino por la inspiración que ustedes me dan para sentirme amistoso y afectuoso hacia ustedes. Esto me resulta más difícil: para dedicarme a los demás.

Es una característica de todos los humanos, no solo de los borrachos, ponerse en marcha, ya sea hacia lograr lo mejor que reside en ellos o lo peor.

No existe tal cosa como quedarse quieto. Yo estoy mejorando o empeorando. No puedo conformarme con permitirme un poquito de maldad, porque progresará. Me volveré cada vez más malo a medida que envejezca, y un poco más y más, hasta que cuando llegue a viejo me haya convertido en todo lo que solo me permití a los cuarenta, pero que disfruté a los cincuenta y lo que me consumió a los sesenta. Permitirme amarlos, admitir que los extrañaría si se murieran —esas son formas de continuar mi crecimiento sin el cual puede ocurrir algo mucho peor que la muerte: Me vuelvo eso que aborrezco dentro de mí. Un pequeño mentiroso se convierte en El Mentiroso. Un pequeño ladrón se convierte en El Ladrón. Un pequeño sádico se convierte en El Marqués de Sade. Un pequeño quejoso se convierte en El Autocompasivo Absoluto. Ustedes me protegen de mi parte retorcida y elevan la imagen de mi parte buena para después seguir esforzándome. Por esto, estoy en deuda con ustedes. Por esto, los amo, y los extrañaré si se mueren.

Entonces, en resumen, este es el motivo por el que continúo viniendo a las reuniones:

Vengo por la sobriedad.

Vengo para mantener mi gratitud y someter la gratitud que doy por sentada.

Vengo porque acá es donde me río más que en cualquier otro lugar.

Vengo por la conmoción que provoca la identificación.

Vengo por el antídoto para el orgullo.

Vengo para aprender a ser humano.

Vengo para aprender a amar.

Lo que me hace seguir viniendo a las reuniones después de veinticinco años es ciertamente la necesidad; pero la necesidad jamás hizo nada por mí como fuerza motivadora. El placer es lo que siempre me ha motivado, y ese siempre es el resultado: Vengo por el placer de hacerlo, por puro placer.

Anónimo
Irasburg, Vermont

Felicidad práctica

Febrero de 1997

RECIENTEMENTE EL GRAN esfuerzo que mi esposa y yo hemos hecho ha sido el de sostener las recompensas de la modesta seguridad material: una casa nueva, un auto nuevo, dinero para comprar los obsequios de Navidad y mantener una reserva prudente, así como más perspectivas para el trabajo creativo. Si bien he estado trabajando para estas cosas durante varios años, han aparecido bastante rápido en el último mes. Nuestros planes para la casa han salido particularmente bien. Por lo tanto, disfruto diciéndoles a mis amigos de AA que pasé tiempo rezando por esta situación, y lo que terminamos logrando ni siquiera es lo que soñé y planifiqué — es mejor.

Las personas de la comunidad tienen una calidez especial cuando compartes buenas noticias con ellos. Todos hemos experimentado tanta amargura, pérdida y dolor al beber que cualquier afirmación sobre un buen resultado en la vida relacionado con la sobriedad es para nuestro sistema nervioso un cosquilleo de esperanza.

Sin embargo, me siento incómodo en las reuniones de AA cuando escucho a las personas afirmar que su fortuna, modesta o muy buena, es el resultado de la oración: "Cuando mi auto se rompió, le recé a la voluntad de Dios para que lo resuelva. Al día siguiente, mi tío Bill llamó y me ofreció su viejo auto gratis". Una y otra vez, en las reuniones escucho variantes de esta versión sobre cómo la oración funciona en la vida de las personas, como si esto fuera una prueba de que Dios nos da lo que necesitamos.

"¡Dios no es Santa Claus!", quiero gritarles en respuesta. La oración y la meditación no son formularios para postularse a algún programa de beneficencia cósmica. Las Promesas no dicen nada sobre recuperar las cosas que perdemos a causa de la bebida. Lo sé porque perdí todo: propiedad, dinero, negocios — todo. De hecho, mi ganancia neta en la sobriedad jamás ha igualado lo que fue en la bebida.

Mi reacción es un indicador que señala mi necesidad de un inventario, por supuesto. La arrogancia intelectual que me convirtió en un borracho sabelotodo no se ha esfumado en mi sobriedad, a pesar de orar fervientemente para que desaparezca. Pero aún creo que, como insisten nuestros Pasos Tercero y Undécimo, la oración y la meditación son intensamente prácticas. Como estos Pasos afirman, estaba convencido de la efectividad de la oración por los resultados que veía en mi vida. Pero esto fue años antes de que comenzara a recuperar algunas de las cosas materiales que perdí por el alcoholismo.

Estuve sobrio dos años antes de poder reconocer cómo la oración había estado trabajando en mi vida desde el comienzo. Cuando llegué a AA, no tenía un Poder Superior y ni un indicio de por qué necesitaba uno. Lo que sí tenía era una obsesión abrumadora por beber que ya no podía controlar. Mi padrino me dijo que si rezaba, eso ayudaría a que desaparezca la obsesión. Entonces, sin tener ningún tipo de fe en lo que estaba haciendo, recé. También hice un montón de otras cosas que mi padrino sugirió. Pero solo porque quería que el deseo loco de beber desapareciera. Mi obsesión mental con la bebida fue una batalla mental cotidiana durante casi dos años.

Lo que pude ver cuando la obsesión finalmente disminuyó era que, a pesar de una autosuficiencia desafiante de por vida, había tenido la voluntad para pedir ayuda y luego seguir la sugerencia de alguien más. Esto era una novedad. Recé diariamente para que me ayudaran con la obsesión y se me otorgó la voluntad para seguir las indicaciones —algo que nunca antes había tenido.

También noté que se me había concedido perseverancia y energía. Cuando esto no dio frutos instantáneos, en lugar de cambiar abruptamente la forma que tenía para manejarme en todos los demás aspectos de mi vida, continué trabajando los Pasos un día a la vez. Siempre me había esforzado, pero rara vez me apegaba a algo por mucho tiempo. Esto era nuevo también.

Comencé a tener cierta confianza genuina en mis amigos de AA y mi padrino. Nunca antes había confiado en alguien, y tenía un buen motivo: ¡Creía que todo el mundo era, al menos, de poco fiar como yo! Pero se me otorgó autoaceptación. Llegué a observar que, como todo el mundo, cometía errores, y que ese no era motivo para despreciar, evitar o manipular a las personas. Llegué a confiar en el hecho de que otras personas podían y me ayudarían. Y vi y confié en las buenas intenciones de las otras personas. Cuando comencé a manejar mis asuntos de negocios sobre esta base, noté que se retribuía con éxito.

E, incluso durante los años de sobriedad, cuando mis finanzas caían por debajo de la línea de pobreza, aprendí a ser agradecido por la vida sencilla y los amigos y las esperanzas que tenía. Después de todo, había venido de un lugar en el que solo tenía el caos y la maldición imperiosa del alcoholismo activo. Así que aprendí acerca del lugar de gratitud: la importancia de reconocer que los regalos de la vida no eran de mi propia creación. Yo hacía el trabajo. Pero de los resultados se encargaba Dios.

Más allá de trabajar los Doce Pasos, jamás entendí cuál es la voluntad de Dios para mí. Veo que mi Poder Superior no me otorgó las cosas materiales que yo creía que necesitaba y quería y merecía en la vida. Mi Poder Superior me otorgó las herramientas emocionales y espirituales que necesitaría para adquirir estas cosas, y también me dio la posibilidad de elegir dónde y si quería o no usar dichas herramientas.

Esto se encuentra en todos los Pasos. Y es muchísimo más de lo que tenía cuando bebía, si bien —en términos financieros— yo poseía más que lo que tengo ahora. Si no se me hubiera concedido la voluntad de seguir las indicaciones de un padrino al comienzo y de rezar simplemente porque él creía que era una buena idea, aún no tendría idea sobre cómo usar el resto del juego de herramientas. Posiblemente podría haber adquirido la casa y el auto y tener la compañera amorosa que tengo hoy. Pero dada la actitud que tuve cuándo bebía, esos regalos solo podrían haber inspirado una sensación de vacío.

Aún tengo momentos como aquél. Bueno, tengo algunas cosas lindas nuevamente —"¿y qué?", aún me siento vacío y perdido, "¿cuál es el punto?" Un borracho seco.

El regalo hoy en día es que tengo una respuesta inmediata para aquella actitud. La doy cada vez que llamo a un amigo de AA, leo la literatura de AA, hablo con un principiante de AA, hago el trabajo de servicio de AA o rezo. El punto es transmitirlo.

Entonces, ahora tengo los medios y la alegría para llevar el mensaje. Y lo que veo en retrospectiva es que he tenido los medios desde mi primer día de sobriedad en AA, incluso cuando vivía con cupones de comida y tuve que pedir dinero prestado durante mi séptimo año sobrio. La alegría también siempre estuvo disponible. Pero no sabía cómo rezar lo suficiente para eso. Tuve que estar sobrio mucho tiempo antes de que pudiera comprender el aspecto práctico de la alegría. No la alegría de poseer. La alegría de vivir. Para mí, esa es la gran realidad de Alcohólicos Anónimos.

Ernest S.
York Harbor, Maine

Saboreando nuestra sobriedad

Agosto de 1982

ERA NATURAL PARA NOSOTROS comenzar nuestro recorrido de feliz sobriedad en Alcohólicos Anónimos con una anticipación del problema de intentar vivir en el presente, un día a la vez. Después de todo, habíamos pasado años lamentando profundamente pasados dolorosos y llorando futuros desalentadores.

Somos afortunados de que se dirija tanta atención durante las reuniones de AA a la importancia de hacer que la vida se torne en un tema de preocupación del hoy —no de ayer ni de mañana. Si olvidamos que el crecimiento se logra un paso a la vez, estamos destinados a debatirnos en la confusión.

Llegué a AA como agnóstico. ¿En qué, además de la botella, tenía que creer mientras bebía? Me iniciaron en mi concepción de mi Poder Superior al escuchar que Dios tiene tiempo solo para cada día de hoy como éste se presenta.

Si Dios no existe en el ayer o en el mañana, entonces podemos estar en paz con nuestra concepción de Dios solo durante el ahora. Si elegimos retroceder al pasado o proyectarnos hacia el futuro, estaremos solos con nuestro pensamiento, dado que Dios no se ha de encontrar en tales lugares. Y la soledad del pensamiento apestoso es extremadamente familiar para los alcohólicos.

Vivir en el presente nos libera tanto de la culpa como del miedo. La culpa se puede materializar solo a partir de un pasado errante y el miedo a las intrusiones en los futuros desconocidos. Los resentimientos se desarrollan solo a partir de lo que ya hemos estado sintiendo y el miedo originado por la aprehensión respecto de las experiencias que aún hay que confrontar.

Si hemos de encontrar crecimiento y serenidad espiritual, debemos vestir nuestra mente cada mañana tan cuidadosamente como vestimos nuestro cuerpo. Solo entonces el hoy se puede convertir en el mañana glorioso que anhelamos ayer.

Porque cada uno de nosotros, en cualquier momento, es la suma total de cada elección que haya hecho alguna vez; no es pura fantasía esperar que cada día sea el mejor día que aún tengamos por vivir. Seguramente jamás habrá en el futuro desastres tan devastadores como los que enfrentamos cuando estábamos borrachos —siempre que nos mantengamos sobrios.

En algún momento de cada día, nosotros, los alcohólicos en recuperación debemos hacernos una visita amistosa. Finalmente, en nuestra paz individual, llegaremos a conocernos a nosotros mismos. Algunos miembros de AA llegan tan lejos como para afirmar que "la vida sin examen no merece la pena ser vivida (para parafrasear a Sócrates).

La sobriedad del hoy no se puede beber de un trago como el alcohol. Debe tomarse a sorbos, sintiéndole el gusto de a uno por vez, para que cada gota de serenidad se pueda saborear en su totalidad. Cabe recordar que nada puede reemplazar la persistencia como herramienta para la sobriedad —ni el talento, el genio ni la educación.

Cuando nosotros los alcohólicos nos concentramos en vivir solo un día a la vez, descubrimos que el mejor regalo de cada día es una comprensión de valores más plena. Las cosas que cuento dejan de ser esas que se pueden sostener en la mano y se vuelven solo lo que se puede guardar en el corazón. Por lo tanto, no nos pueden robar ninguno de nuestros obsequios reales. Solo los podemos perder debido a nuestra propia falta de cuidado y complacencia.

Evitar la procrastinación es un trabajo duro para la mayoría de nosotros. Por supuesto, la procrastinación no pertenece a la forma de vivir un día a la vez. Debemos evitar el uso de la palabra "debería". En el crecimiento de AA, esta es una palabra con un significado similar a "postergar para mañana", una palabra indefinida que no logra nada. Invita a la racionalización. Es mejor que la reemplacemos por una palabra que implique "voluntad". "Yo lo haré", en lugar de "Debería hacerlo".

Nuestro programa nos asegura que todas las respuestas a nuestros problemas cotidianos se encuentran en vivir la vida ahora. Las soluciones que sirvieron para las calamidades de ayer hoy pueden ser obsoletas. Y buscar las respuestas en el futuro, es un pensamiento de anhelo.

Quizá todas las lecciones de vivir el hoy que aprendemos en AA se pueden reducir a esa clase de broma que generalmente se dice: un alcohólico sobrio que tiene un ojo puesto en el ayer y el otro en el mañana, probablemente hoy sea bizco.

C. C
North Hollywood, California

Saboreando la sobriedad

Agosto de 1997

DURANTE MIS DÍAS COMO bebedora, mi vida iba en caída libre. No pensaba antes de actuar, no aceptaba la responsabilidad, no aparecía, no me comportaba moral o decentemente. Para racionalizar este comportamiento, me presentaba ante mí y los demás como una persona de espíritu libre y hedonista. Realmente creía que era una buscadora del placer, cuando, de hecho, simplemente estaba buscando la gratificación por mi adicción al alcohol. No veía que mis comportamientos de "espíritu libre" —mi egoísmo, el descuido de mi vida amorosa, mi falta de compromiso, la rebeldía salvaje de mi vida — no eran opciones, sino que provenían directamente de mi alcoholismo y mi deseo de evadir la realidad. Tenía que verme a mí misma como hedonista porque no podía reclamar logros más sólidos; de hecho, había muy poco placer o satisfacción verdaderos en mi vida. ¿Cómo podían existir cuando no tenía paz mental?

Varias semanas después de entrar a mi primera reunión de AA — una reunión que se hacía los lunes por la noche para principiantes en la ciudad de New York—, vi mi primera copia del Grapevine. Ya había comenzado a leer el Libro Grande, los "Doce y Doce" y "Viviendo sobrio". Ahora estaba observando la portada de aquella edición del Grapevine de agosto de 1982 y leí ese título breve: "Saboreando nuestra sobriedad". Jamás pensé que saborearía otra cosa que no fuera whisky y allí estaba ese maravilloso título en la revista, de la cual jamás había oído antes, que decía: "Sí, la sobriedad se puede saborear". Y el Grapevine tenía razón.

¿Qué significa para mí saborear verdaderamente una vida sobria? Lo más importante es que me encuentro en el presente, no en el pasado o en el futuro; significa que no paso como un bólido junto a mi vida tan rápido que solo la veo como algo borroso; significa tener la mente tranquila y no preocuparme por las cosas que no puedo resolver hoy, o llevar a cabo conversaciones y discusiones con personas que no están en la sala. Con frecuencia, debo recordarme bajar la velocidad y permanecer en el momento.

Vivo en Manhattan, donde se prefiere una existencia más rápida (después de todo fue en las ciudades que surgió el término "hora pico") y, en la aceleración y la prisa, en ocasiones me olvido de respirar. Como anoche, mientras iba bajando por la calle Broadway después del trabajo; tuve que obligarme a detenerme para observar el cielo de noche y la última luz que desaparecía en los edificios altos, respirar profundamente desde el estómago, contar mis respiraciones del uno al diez y recordar que la vida no iba a comenzar en algún momento del futuro: el momento de relajarme, de respirar, de ver a mi alrededor, de estar vivo era ahora. No tensionarse, no aferrarse, ir más despacio. "Con calma" es más simple y más útil. También es útil una oración o afirmación breve: Por favor, permíteme usar el mundo como una prenda suelta.

Algo más que debo hacer para saborear la sobriedad es intentar aceptar a otras personas, incluso aquellas con las que no concuerdo o me desagradan, aun con la persona que comparte de forma interminable en mi grupo base o aquella a la que he escuchado quejarse un millón de veces (¿no he puesto a prueba la paciencia de mi grupo?). No puedo saborear la sobriedad cuando estoy preso de mi "miedo egocéntrico", entonces eso implica hacer una llamada telefónica a un amigo o saludar con un "hola" a un principiante o tener un motivo para sentarme junto a alguien en una reunión y ponerme al corriente de lo que está sucediéndole. Nada grande, solo cosas simples.

Cuando desacelero, puedo obtener placer de muchas de las cosas buenas de este mundo: buena charla, música, buenos libros, preparar una comida para un amigo, dar un paseo, ver una película, tomar una taza de té en silencio. Mi esposo (que también es miembro de AA) es actor, y le gusta la música clásica, por lo tanto, hemos combinado nuestros intereses en una apreciación por la ópera y tenemos las entradas de temporada para ver una compañía de ópera que está ubicada cerca de donde vivimos. Siete u ocho veces al año, nos vestimos de gala y salimos a cenar y luego tomamos asiento cerca de la orquesta de una de las casas de ópera más maravillosas del mundo, esperando con felicidad el momento en que atenúan las luces de la sala y el candelabro plagado de estrellas se eleva hacia el techo y la orquesta comienza la obertura. ¡Qué invitación! Jamás dejamos de disfrutar de nosotros o de apreciar el hecho de que estamos sentados allí, sobrios; no damos por sentado el momento. Recientemente, estábamos disfrutando de una cena previa a la ópera cuando le dije a mi esposo: "¿Sabes? No podríamos disfrutar tanto esto si no hubiésemos disfrutado ir a tomar un café luego de las reuniones de nuestro grupo base". ¿Cómo podría disfrutar las cosas que tienen un gran precio en mi vida si no disfrutara de las pequeñas? Incluso esto no es cuestión de "grande" y "pequeño" —todo es parte de un continuo. Dogen, maestro Zen del siglo XIII, dijo que un cocinero debe preparar un simple caldo de hierbas silvestres con la misma atención que prepara una sopa crema abundante. Saborear forma parte de prestar atención a lo que se está haciendo, sea lo que sea.

Creo que de ahí nace la gratitud: de ayudarme a apreciar mejor todo lo que ocurre en mi vida. La gratitud no es una tarea que debo realizar, es una herramienta, una forma de perspectiva. Me recuerda apreciar las cosas simples: cada noche que voy a acostarme sobria y no inconsciente, cada mañana que me despierto sin resaca.

Hay un lindo capítulo en la historia que comenzó hace quince años: hoy soy miembro del personal editorial del Grapevine. Esto significa que desde hace algunos años he formado parte de un equipo que arma una revista y la pone en manos de más de 125,000 lectores de todo el mundo. En algún lugar, en este preciso momento, este mes, un miembro nuevo de AA está leyendo el Grapevine por primera vez. Y quiero que esa persona sepa: la sobriedad se puede saborear. Este ha sido el obsequio que me han dado: una vida real que crece más vívida y más interesante, y que ofrece mayor disfrute, deleite y placer. Espero que, si lees el Grapevine por primera vez, la revista continúe siendo tu compañía en el recorrido. Es una de las formas en que muchos de nosotros saboreamos nuestra sobriedad —y siempre me recuerda que tengo suerte de llevar una vida por la que vale la pena ir más lento.

Anónimo
New York, New York

El hombre que siempre quise ser

Octubre de 1990

EN NOVIEMBRE DE 1977, durante una de mis muchas estadías "cerca" del programa, un miembro de Al-Anon me preguntó por qué no hacia el trabajo de los Doce Pasos de AA. Con toda sinceridad le dije: "No necesito los Pasos para mantenerme sobrio. La comunidad de AA es suficiente para mantenerme sobrio". Continuaba deslizándome y escurriéndome en torno a las reuniones, convencido de que tenía este asunto de AA totalmente solucionado.

Dos meses después tomé lo que resultó ser mi último trago, si bien no lo supe en aquel momento. Poco tiempo después, estaba en una reunión para principiantes, para personas que llevaban menos de un año de sobriedad, en la que el tema era los Doce Pasos de AA. El coordinador llamó al hombre que estaba sentado junto a mí y lo que dijo me ayudó a cambiar mi vida.

Este compañero era un bocón detestable que se jactaba de sí mismo, que invariablemente usaba el tiempo de la reunión para hablar de autos, negocios y cualquier cosa, menos de sobriedad. Había estado "cerca" del programa durante diecinueve años. Lo despreciaba con todo mi corazón. Imaginen mi sorpresa, entonces, cuando se golpeó el pecho, cruzó los brazos sobre su panza flácida y dijo: "No necesito los Pasos para mantenerme sobrio. La comunidad de AA es suficiente para mantenerme sobrio".

Podrán decir que fue una experiencia aleccionadora, el escuchar mis palabras saliendo de su boca. Lo miré y dije para adentro: "¡No quiero ser como tú!" Aquí había un muchacho que había estado "cerca" durante diecinueve años, diciendo lo mismo que yo había dicho ¡solo dos meses antes! ¡Realmente no quería ser como él!

Afortunadamente, tenía una opción. Un grupo en nuestro pueblo era conocido por ser un grupo muy duro, orientado a los Pasos, con un historial muy largo y fuerte de sobriedad y ahí es donde fui. No creo que haya sido una decisión consciente, sin embargo, sabía que esas personas eran diferentes de algunas otras que había conocido en AA, y quería llegar a ser lo más "diferente" de ese muchacho bocón como fuera humanamente posible. Asistí a las reuniones durante un tiempo y, finalmente, encontré un hombre que quería como padrino. Parecía lo opuesto a un bocón, con una gracia tranquila y modales amables que me atraían. Sin embargo, lo que realmente me enganchó fueron sus referencias frecuentes al cuidado de un sobrino que recientemente había perdido a su madre en un accidente automovilístico. Eso me impactó, por lo tanto, me armé de valor, y le pedí que me apadrinara.

Jamás permitas que alguien te diga que Dios no tiene sentido del humor. La persona que elegí como padrino era un hombre de negocios bajito y de contextura grande, que manejaba un Lincoln enorme y que, por algún motivo, odiaba a los motociclistas. Desde siempre fui un conductor fanático de Harley que, por alguna razón, odiaba a esos hombres bajos, gordos y ricos que manejan autos de lujo. Entonces, éramos perfectos el uno para el otro.

Lo primero que mi padrino me dijo fue: "No tengo tiempo para ayudarte a que sigas enfermo —estoy demasiado ocupado para eso—, pero si quieres sentirte mejor, me complacerá ayudarte".

Definitivamente lo dijo en serio, pero mi padrino no era uno de esos hombres que les rompen la cabeza y dan órdenes a sus ahijados. Eso estuvo bien, porque yo era extremadamente rebelde cuando estaba sobrio, y podría haberme conseguido un padrino dominante como excusa para abandonar todo y volver a beber. En cambio, mi padrino me dio un conjunto de herramientas (los Doce Pasos) y me dijo de qué forma él las usaba en su vida. No me exigió nada. Simplemente dijo: "Si quieres lo que tenemos, ven y tómalo", y eso es lo que necesitaba escuchar.

Gracias a mi padrino y otros miembros, aprendí que este programa ofrece mucho más que solo un tiempo para estar seco. No solo me lo contaron, sino que realmente lo viví, y es lo que ahora conozco como las Promesas. Me explicaron que las Promesas son el resultado final de trabajar los Pasos lo mejor que pueda, y aquella vida en AA tuvo una definición completamente nueva comparada con la miserable existencia que yo había conocido en las calles.

Mis amigos no mintieron. He hecho, logrado, aprendido más y llegado más lejos en los últimos trece años que en la suma de todos los otros años de mi vida. Cuando llegué a AA, una de mis palabras favoritas era libertad, pero mi concepto de libertad era limitado. Pensé que significaba hacer lo que me venía en gana, cuando tenía ganas, sin tener en cuenta las consecuencias. Ahora soy verdaderamente libre: para atravesar cualquier día o situación sin estremecerme de miedo, explotar de furia, cometer excesos o autodestruirme; para amar, reír y conocer y apreciar las alegrías simples que acompañan el hecho de estar vivo; ser parte de una sociedad en la que puedo cumplir un propósito invaluable, en lugar de alejarme; para reconocer y recurrir a mis propios talentos y habilidades, como escritor, trabajador, esposo, padrastro y miembro participante de la comunidad de Alcohólicos Anónimos. Soy libre para ser el hombre que siempre quise ser, pero que nunca antes tuve la valentía de ser.

En lo que percibo como una representación perfecta de la magia de AA, me presentaron dos ejemplos que se ubicaban en los extremos opuestos del espectro de la sobriedad. Estando a la deriva entre ambos extremos, se me bendijo con una elección clara y es por eso que estoy agradecido. Necesitaba algo así de extremo, claro u oscuro, para atravesar el muro de piedra de las excusas que había construido a mi alrededor. Ahora sé, y mi vida en sobriedad me lo ha demostrado, que he tomado la decisión correcta.

También me complace contarles que mi padrino ha superado su aborrecimiento por los motociclistas, mientras que yo he disminuido un poco mi disgusto por los conductores bajos, gordos y ricos ¿Qué pasó con el bocón? Quizá encontró sus propios ejemplos, porque la última vez que supe de él había logrado mantenerse sobrio por varios años consecutivos y todavía gozaba de buena salud.

Wm. J.
Temple, Texas

Una ramita en el patio

Julio de 2001

Bill M., nos envió la siguiente nota junto con una carta de su hijo, quien está cumpliendo una condena en Kernersville, North Carolina

"ESTA ES UNA HISTORIA breve sobre la gratitud —gratitud en un entorno difícil. Mi hijo está cumpliendo justo la mitad de una larga condena en prisión, cuyo comienzo marcó profundamente su vida y significó el inicio de su recuperación del alcoholismo. Ahora presta servicio como compañero consejero en un programa estatal que se esfuerza para que la sobriedad sea posible en el ámbito penitenciario. El crecimiento que logró y su trabajo del Duodécimo Paso me asombran constantemente. Una de las últimas cartas que recibí fue tan impactante que le pedí permiso para compartirla con usted y sus lectores. La carta comenzaba con la noticia de que finalmente había podido ver a un dentista, —cosa que no es poco cuando eso implica que deban transportarlo cientos de millas hasta otro establecimiento penitenciario que cuenta con esos recursos".

Querido papá:

Ayer a las 4 a.m. me despertaron para llevarme al dentista. Era la primera vez en un año que había salido de paseo, por lo tanto, me sentía muy entusiasmado. Por supuesto, me tuvieron que esposar a una cadena en la cintura y luego me pusieron los grilletes antes de subir a la camioneta. La camioneta era nueva: el olor era delicioso y el asiento muy cómodo. Debo haber parecido un perro al que sacan a pasear, mirando todo con avidez de un lado y del otro. La sensación de movimiento fue asombrosa —y muy cómoda.

Al llegar al establecimiento, me quitaron las cadenas y me dejaron caminar por el patio de la prisión. ¡Pude tocar un árbol por primera vez después de más de tres años! Era un roble y la corteza se sentía muy bien al tacto. Miré para arriba, hacia las ramas y las hojas que dejaban penetrar la brillante luz del sol. El suelo estaba lleno de ramitas y bellotas reales que crujían bajo mis pies. El tronco, que debe haber tenido un diámetro de siete u ocho pies, estaba cubierto de moho y líquenes. Jamás había contemplado una imagen más bella.

Como si eso fuera poco, de repente un gato tricolor se refregó contra mi pierna y me dejó acariciarlo mientras tomaba agua de un plato. Estaba estupefacto con todas esas sensaciones. La sensación de la corteza y del pelaje del gato, la vista que ofrecía el espacio abierto y las hojas verdes —todo eso para un hombre que no había tenido nada semejante durante años— era para mí lo que para un hombre libre es escalar el Monte Everest. Entonces terminó. Después de mi visita al dentista siempre llevaré conmigo aquel día como un símbolo de la gracia de Dios y como recordatorio para ser agradecido de las pequeñas cosas mundanas que tiene la vida cotidiana.

¡Una ramita en el patio —qué alegría! Me complace tenerte para compartirlo contigo. No creo que nadie más pueda entenderlo.

–Tu hijo

Los Doce Pasos de Alcohólicos Anónimos

1. Admitimos que éramos impotentes ante el alcohol, que nuestras vidas se habían vuelto ingobernables.
2. Llegamos a creer que un Poder Superior a nosotros mismos podría devolvernos el sano juicio.
3. Decidimos poner nuestras voluntades y nuestras vidas al cuidado de Dios, como nosotros lo concebimos.
4. Sin miedo hicimos un minucioso inventario moral de nosotros mismos.
5. Admitimos ante Dios, ante nosotros mismos, y ante otro ser humano, la naturaleza exacta de nuestros defectos.
6. Estuvimos enteramente dispuestos a dejar que Dios nos liberase de nuestros defectos.
7. Humildemente le pedimos que nos liberase de nuestros defectos.
8. Hicimos una lista de todas aquellas personas a quienes habíamos ofendido y estuvimos dispuestos a reparar el daño que les causamos.
9. Reparamos directamente a cuantos nos fue posible el daño causado, excepto cuando el hacerlo implicaba perjuicio para ellos o para otros.
10. Continuamos haciendo nuestro inventario personal y cuando nos equivocábamos lo admitíamos inmediatamente.
11. Buscamos a través de la oración y la meditación mejorar nuestro contacto consciente con Dios como nosotros lo concebimos, pidiéndole solamente que nos dejase conocer Su voluntad para con nosotros y nos diese la fortaleza para cumplirla.
12. Habiendo obtenido un despertar espiritual como resultado de estos pasos, tratamos de llevar el mensaje a los alcohólicos y de practicar estos principios en todos nuestros asuntos.

Las Doce Tradiciones de Alcohólicos Anónimos

1. Nuestro bienestar común debe tener la preferencia; la recuperación personal depende de la unidad de AA.
2. Para el propósito de nuestro grupo sólo existe una autoridad fundamental: un Dios amoroso tal como se exprese en la conciencia de nuestro grupo. Nuestros líderes no son más que servidores de confianza. No gobiernan.
3. El único requisito para ser miembro de AA es el deseo de dejar la bebida.
4. Cada grupo debe ser autónomo, excepto en asuntos que afecten a otros grupos de AA o a AA considerado como un todo.
5. Cada grupo tiene un solo objetivo primordial: llevar el mensaje al alcohólico que aún está sufriendo.
6. Un grupo de AA nunca debe respaldar, financiar o prestar el nombre de AA a ninguna entidad allegada o empresa ajena, para evitar que los problemas de dinero, propiedad y prestigio nos desvíen de nuestro objetivo primordial.
7. Todo grupo de AA debe mantenerse completamente a sí mismo, negándose a recibir contribuciones de afuera.
8. AA nunca tendrá carácter profesional, pero nuestros centros de servicio pueden emplear trabajadores especiales.
9. AA como tal nunca debe ser organizada; pero podemos crear juntas o comités de servicio que sean directamente responsables ante aquellos a quienes sirven.
10. AA no tiene opinión acerca de asuntos ajenos a sus actividades; por consiguiente, su nombre nunca debe mezclarse en polémicas públicas.
11. Nuestra política de relaciones públicas se basa más bien en la atracción que en la promoción; necesitamos mantener siempre nuestro anonimato personal ante la prensa, la radio y el cine.
12. El anonimato es la base espiritual de todas nuestras Tradiciones, recordándonos siempre anteponer los principios a las personalidades.

Alcohólicos Anónimos

EL PROGRAMA DE recuperación de AA se explica completamente en su texto básico, Alcohólicos Anónimos (que comúnmente se conoce como el Libro Grande), ya en su cuarta edición, así como en Doce Pasos y Doce Tradiciones, Viviendo sobrio, y otros libros. También puede encontrar información sobre AA en el sitio web www.aa.org o solicitándola por escrito a: Alcoholics Anonymous, Box 459, Grand Central Station, New York, NY 10163. Para encontrar recursos locales, busque "Alcohólicos Anónimos" en su directorio telefónico local. También tiene cuatro folletos a su disposición en AA: "Esto es AA", "¿Es AA para usted?", "44 preguntas" y "Un principiante pegunta".

AA Grapevine

EL GRAPEVINE ES la revista internacional mensual de AA, que se publica ininterrumpidamente desde su primera edición en junio de 1944. El folleto de AA sobre el AA Grapevine describe su alcance y propósito de este modo: "Como parte integral de Alcohólicos Anónimos desde 1944, el Grapevine publica artículos que reflejan en su totalidad la diversidad de experiencias y de opiniones que existen en la comunidad de AA, al igual que La Viña, la revista en español que se edita cada dos meses, y que se publicó por primera vez en 1996. En las páginas de la revista no se incluye ningún punto de vista ni filosofía dominante, y al momento de preparar el contenido, el personal editorial se basa en los principios de las Doce Tradiciones".

Además de revistas, AA Grapevine, Inc. también produce libros, libros electrónicos, audiolibros y otros artículos. También ofrece suscripciones de Grapevine y La Viña Completo, que incluyen la revista impresa, así como el acceso completo en línea, la versión de audio de la revista, los vastos archivos de historias de Grapevine y La Viña y las ediciones en línea actuales de Grapevine y La Viña. También están disponibles versiones e-Pub separadas de las revistas. Para obtener más información sobre AA Grapevine, o para suscribirse a cualquiera de estos, visite los sitios web correspondientes de la revista en aagrapevine.org o www.aalavina.org o escriba a:

AA Grapevine, Inc.
475 Riverside Drive
New York, NY 10115